Montagem e manutenção de
Notebooks

SÉRIE INFORMÁTICA

Dados Internacionais de Catalogação na Publicação (CIP)
(Simone M. P. Vieira – CRB 8ª/4771)

Moretti, Raphael Hungaro
Montagem e manutenção de notebooks / Raphael Hungaro Moretti. – São Paulo : Editora Senac São Paulo, 2023. (Série Informática)

ISBN 978-85-396-4072-0 (impresso/2023)
e-ISBN 978-85-396-4073-7 (ePub/2023)
e-ISBN 978-85-396-4074-4 (PDF/2023)

1. Notebooks – Manutenção e reparos 2. Notebooks – Componentes internos e externos 3. Notebooks : Sistemas operacionais I. Título. II. Série.

23-1869s
CDD – 004.160288
BISAC COM050010

Índice para catálogo sistemático:

1. Notebooks : Manutenção e reparos : Processamento de dados   004.160288
2. Notebooks : Montagem : Processamento de dados   004.160288

Montagem e manutenção de
Notebooks

Raphael Hungaro Moretti

Editora Senac São Paulo – São Paulo – 2023

ADMINISTRAÇÃO REGIONAL DO SENAC NO ESTADO DE SÃO PAULO
Presidente do Conselho Regional: Abram Szajman
Diretor do Departamento Regional: Luiz Francisco de A. Salgado
Superintendente Universitário e de Desenvolvimento: Luiz Carlos Dourado

EDITORA SENAC SÃO PAULO
Conselho Editorial: Luiz Francisco de A. Salgado
Luiz Carlos Dourado
Darcio Sayad Maia
Lucila Mara Sbrana Sciotti
Luís Américo Tousi Botelho

Gerente/Publisher: Luís Américo Tousi Botelho
Coordenação Editorial: Ricardo Diana
Prospecção: Dolores Crisci Manzano
Administrativo: Verônica Pirani de Oliveira
Comercial: Aldair Novais Pereira

Edição de Texto: Eloiza Mendes Lopes
Coordenação de Revisão de Texto: Janaina Lira
Revisão de Texto: Marcelo Nardeli
Coordenação de Arte, Projeto Gráfico e Capa: Antonio Carlos De Angelis
Editoração Eletrônica: Veridiana Freitas
Coordenação de E-books: Rodolfo Santana
Impressão e Acabamento: BMF

Nenhuma parte desta publicação poderá ser reproduzida, guardada pelo sistema "retrieval" ou transmitida de qualquer modo ou por qualquer outro meio, seja este eletrônico, mecânico, de fotocópia, de gravação, ou outros, sem prévia autorização, por escrito, da Editora Senac São Paulo.

Todos os direitos desta edição reservados à
Editora Senac São Paulo
Av. Engenheiro Eusébio Stevaux, 823 – Prédio Editora
Jurubatuba – CEP 04696-000 – São Paulo – SP
Tel. (11) 2187-4450
editora@sp.senac.br
https://www.editorasenacsp.com.br

© Editora Senac São Paulo, 2023

Sumário

Apresentação — 7

1 **Introdução à manutenção de notebooks** — 11
   O termo "notebook" — 13
   Hardware e software em notebooks — 13
   Principais características na escolha de um notebook — 15
   Considerações finais — 19

2 **Apresentação dos dispositivos internos** — 21
   Componentes de uma placa-mãe e suas funções — 23
   Identificação técnica dos componentes — 29
   Considerações finais — 33

3 **Fundamentos de eletrônica digital** — 35
   Sistema binário e hexadecimal — 37
   Principais componentes e suas respectivas funções
      em circuitos eletrônicos de notebooks — 42
   Principais ferramentas e como utilizá-las na medição
      de características de componentes — 43
   Considerações finais — 45

4 **Componentes externos de notebooks** — 47
   Expansões, funcionalidades de portas e
      conectores externos — 49
   A função da bateria e seu diagnóstico — 51
   Considerações finais — 54

5 **O ambiente de trabalho de um profissional de manutenção** — 57
   Características do ambiente — 59
   Ferramenta e espaço necessário para
      manipulação de equipamento — 59
   Considerações finais — 63

6 **Iniciando a montagem e a desmontagem de notebooks** — 65
   Boas práticas e formas de montagem e desmontagem — 68
   Considerações finais — 73

7   Instalação de sistemas operacionais   75
    Efetuando a instalação do sistema operacional Windows 11   77
    Instalação e configuração de drivers   80
    Atualizações e troubleshooting em sistemas Windows   82
    Efetuando a instalação de sistema operacional
        GNU/Linux – Ubuntu   85
    Troubleshooting básico em sistemas de kernel Linux   87
    Considerações finais   91

    Referências   93

    Sobre o autor   99

    Índice geral   101

Apresentação

O que é a Série Informática

A Série Informática foi desenvolvida para que você aprenda informática sozinho, sem o acompanhamento de um professor.

Para usar o material da Série Informática, você precisa ter em mãos o livro e um equipamento que atenda às configurações necessárias.

Neste volume, você encontrará informações para realizar a manutenção de notebooks.

Os capítulos foram estruturados para que o leitor entenda os princípios básicos para se adquirir um notebook – seja para trabalho, estudo ou lazer – e os fundamentos de eletrônica básica – da realização de diagnósticos em importantes componentes dos dispositivos portáteis e ferramentas de apoio em manutenção até a realização de formatação e instalação de sistemas operacionais.

1
Introdução à manutenção de notebooks

Diante de um mundo integrado e dependente de informações digitais, a presença de computadores se tornou comum no cotidiano das pessoas. O dia a dia está cada vez mais vinculado a informações armazenadas em mídias e formatos digitais. Computadores já são parte fundamental da rotina moderna, em especial os notebooks, que são adotados preferencialmente por profissionais que demandam dispositivos com capacidade de processamento moderada e suficientemente portáteis para transporte em bolsas, mochilas e equivalentes. Neste capítulo vamos conhecer um pouco da história desses dispositivos e sua importância no mundo digital atual.

O termo "notebook"

Apesar de "notebook" ser um termo muito comum e que remete diretamente a "computador portátil", o notebook nem sempre foi conhecido por esse nome. De acordo com a tradução da palavra inglesa, *notebook* significa "caderno de anotações" (NOTEBOOK, 2022), aqueles utilizados por estudantes. Desse modo, adotou-se o nome "notebook" em virtude da portabilidade, similar à de um caderno de anotações. Notebooks também são conhecidos como *laptops*, palavra de origem inglesa que também remete a "computador portátil de colo".

O notebook foi desenvolvido por volta de 1979, com um conceito de portabilidade um pouco diferente do que conhecemos hoje. Voltado para fins militares, o equipamento conhecido como Grid Compass pesava em torno de 12 kg, era um aparelho robusto e possibilitava que operações fossem realizadas sem a necessidade de equipamentos maiores, que normalmente exigiriam um maior consumo de energia e maior espaço físico para seu funcionamento. Segundo Tanenbaum e Austin (2013), a evolução dos computadores e equipamentos eletrônicos em geral veio por meio da diminuição de tamanho de componentes eletrônicos, como chips e transistores, mas também pela eficiência energética desses dispositivos. Nos dias atuais, não é incomum verificar computadores portáteis com menos de 3 kg e de consumos energéticos bastante eficientes, em comparação a equipamentos mais antigos.

Hardware e software em notebooks

Um conceito muito importante na área de computação em geral é a diferenciação de hardware e software. Esses dois itens estão presentes no dia a dia de qualquer profissional de tecnologia da informação (TI). Nos dias atuais, principalmente, lidamos com dispositivos e computadores portáteis que exigem o uso de softwares e muitas vezes até hardwares específicos. Segundo Stallings (2010), o hardware pode ser considerado qualquer elemento físico necessário para o funcionamento de um sistema eletrônico. No caso de computadores e notebooks, são considerados hardwares componentes como a placa-mãe, memórias de acesso randômico (random access memory – RAM), placas de expansão sem fio e itens relacionados, conforme apresentado na figura 1.

Figura 1 – Componentes de hardware de um notebook.

Apesar de fundamental para o funcionamento de um computador, o hardware por si só não consegue realizar todas as operações necessárias para seu próprio funcionamento. Exatamente a fim de complementar os componentes físicos de um computador, o software permite que componentes de hardware realizem as operações necessárias para o processamento de dados. Segundo Fávero (2011), são considerados softwares um conjunto de instruções que tem como objetivo realizar uma determinada operação. Essa definição também é aplicável ao termo "algoritmo", comumente adotado por desenvolvedores e profissionais da área de TI.

Podem ser considerados softwares sistemas operacionais controladores de hardware, como Microsoft Windows e GNU/Linux, assim como programas que dependem de outros softwares para seu funcionamento. Programas de edição de texto, como Microsoft Word, e de edição de imagem, como Adobe Photoshop, são alguns exemplos de softwares que demandam a presença de outro software para seu correto funcionamento. Nesses casos específicos, ambos demandam um sistema operacional para serem operados. Na figura 2, é possível observar linhas de código de desenvolvimento de um software, demonstrando o caráter de lógica e as instruções de operação de um programa.

Figura 2 – Exemplo de linhas de código de software.

Hardware e software são partes cruciais para quaisquer operações em computadores, especialmente em notebooks. Um notebook traz ambos os elementos consigo, sendo essencial sua diferenciação pelo profissional de TI na manutenção desses equipamentos. O software será sempre a parte em que a lógica de um sistema ocorre, enquanto o hardware representa a porção física para o processamento das operações ocorridas em software.

Principais características na escolha de um notebook

Na hora de escolher um notebook ou um computador, deve-se tomar alguns cuidados. Notebooks para uso genérico, como realização de trabalhos escolares ou navegação na internet, têm demandas diferentes de hardware e software, em comparação a equipamentos voltados para desenvolvimento de aplicações, edição de imagem de vídeo, entre outras funcionalidades. Há configurações e características importantes a serem consideradas na escolha do equipamento, sempre se considerando a finalidade de uso do computador.

É fundamental que sejam verificados os requisitos recomendados dos softwares que normalmente serão utilizados no dispositivo. Em geral, os desenvolvedores de aplicações indicam os requisitos mínimos para o correto funcionamento de seus programas, permitindo que sejam escolhidos os equipamentos mais adequados para as aplicações que vão rodar no notebook.

Na escolha de um notebook, deve-se verificar principalmente os seguintes itens:

- **Processador:** componente responsável pelo processamento de informações em um sistema. Realiza as operações matemáticas necessárias para o funcionamento dos softwares e das aplicações presentes em um computador. Atualmente, é comum encontrar processadores com múltiplos núcleos, em que a maior quantidade desses componentes representa uma maior capacidade de divisão de carga de processamento no sistema. A eficiência dessa carga dependerá da aplicação em si, preparada ou não para seu trabalho com vários núcleos. Porém, sempre que possível, uma maior quantidade de núcleos em um notebook pode representar um melhor desempenho nas aplicações, além da atenção à geração pertencente a determinado processador. Processadores de gerações mais recentes tendem a possuir maior capacidade de processamento que processadores de gerações anteriores, além de novas tecnologias e eficiência energética.

- **Quantidade de memória RAM:** segundo Maziero (2019), a memória RAM é responsável pela alimentação de informações para o processamento do processador. Em razão de sua capacidade de resposta rápida com esse importante componente no notebook, a quantidade de memória RAM reflete diretamente no desempenho e na velocidade do sistema. Normalmente, ao abrir um programa em um computador, seus dados são carregados em memória RAM, e somente depois processados pelo processador. Quanto maior a quantidade de memória RAM presente em um sistema, maior será a capacidade de abertura e funcionamento conjunto de programas. Sistemas com quantidade de memória RAM adequada à sua utilização evitam um processo chamado *swapping*.

A técnica de *swapping* caracteriza-se pela utilização de memória secundária (discos rígidos, SSDs e memórias não voláteis) como espaço complementar à memória RAM. Essa técnica normalmente é aplicada pelo sistema operacional quando não há quantidade suficiente de memória RAM disponível para carregar determinados softwares. Apesar de permitir o funcionamento de programas e softwares sem a quantidade suficiente de memória RAM, essa técnica traz lentidão ao sistema, uma vez que o armazenamento secundário não possui a velocidade necessária compatível com o processamento realizado pelo processador, fazendo com que este tenha que esperar pela entrada de dados.

- **Presença ou não de vídeo dedicado:** um notebook para a exibição de vídeos e a reprodução de informações gráficas necessita de um hardware especial, capaz de converter os sinais recebidos pelo sistema em gráficos. Dispositivos modernos possuem gráficos integrados à CPU, que normalmente possibilitam a exibição de informações básicas, reprodução de vídeos e conteúdo que não exigem um processamento gráfico dedicado muito grande. Já determinadas aplicações, como jogos e ferramentas de design, podem necessitar de uma capacidade de processamento de vídeo maior. Alguns notebooks possuem processadores gráficos dedicados, de maior capacidade que os normalmente integrados ao processador. Esse é um item importante a ser considerado na escolha de um notebook, uma vez que a presença de uma placa de vídeo dedicada ao processamento gráfico traz uma maior capacidade de reprodução de conteúdos que exigem recursos para isso.

- **Capacidade de armazenamento – HD ou SSD:** a capacidade de armazenamento de computadores e notebooks normalmente adota a unidade gigabyte, representando a quantidade de bytes que pode ser armazenada no sistema. Ao escolher o notebook, é importante verificar se sua tecnologia de armazenamento é realizada com unidades de disco rígido padrão (HD) ou unidades de estado sólido (SSD). As SSDs são mais vantajosas na velocidade de acesso aos dados em relação aos HDs, uma vez que o armazenamento dos dados é realizado em unidades não voláteis eletrônicas, diferentemente dos discos rígidos, que fazem uso de discos de armazenamento magnético, cabeças de leitura e componentes mecânicos para movimentação de componentes internos. Na figura 3, é possível observar SSDs de 2,5 polegadas.

Figura 3 – SSDs de 2,5 polegadas.

Além de possibilitarem uma maior agilidade no acesso aos dados armazenados, as SSDs tendem a exigir menos recursos energéticos em relação aos tradicionais discos rígidos. Isso ocorre pelo fato de elas não possuírem componentes mecânicos, o que é uma vantagem em equipamentos portáteis como notebooks, uma vez que um menor consumo energético resulta em maior autonomia e duração da bateria.

As SSDs possuem variações em suas conexões com componentes de um notebook, como placas-mãe e placas controladoras de unidades de armazenamento. As SSDs de 2,5 polegadas são comumente encontradas com a interface Serial Advanced Technology Attachment (SATA), a mesma apresentada na figura 3. Porém também é possível encontrar SSDs com interfaces M.2, que fazem uso tanto das tecnologias SATA como Non-Volatile Memory Express (NVMe) (figura 4).

Figura 4 – SSD NVMe.

Equipamentos modernos contam com uma ou mais conexões M.2 com suporte a NVMe, possibilitando que um notebook tenha ao menos um SSD NVMe acompanhado da conexão de uma segunda unidade de armazenamento SATA, seja esta constituída por um HD ou uma SSD.

Unidades M.2 exigem, porém, uma atenção significativa, uma vez que possuem diferentes tipos de chave para sua conexão, conforme mostrado na figura 5.

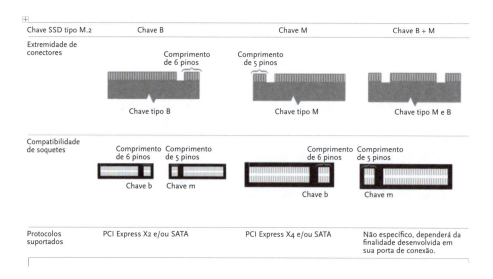

Figura 5 – Chaves M.2.

Chaves do tipo B suportam os protocolos SATA e PCI Express X2, enquanto chaves M suportam protocolos SATA e PCI Express X4, possibilitando velocidades maiores aos dispositivos NVMe. É possível, ainda, observar uma terceira variação, B + M, em que o controlador de armazenamento suporta dispositivos de ambos os tipos de chave. Conhecer essas características é importante tanto para a escolha de um novo equipamento como, principalmente, para eventuais manutenções ou upgrades, em que a aquisição do componente correto e compatível é fundamental para seu correto funcionamento e operação.

Quanto à capacidade de duração de bateria, os equipamentos modernos são conhecidos pela alta eficiência energética e capacidade de operação por horas somente com alimentação de sua bateria interna. Maior duração de bateria pode ser um fator determinante na escolha de um modelo de notebook, dependendo da finalidade e da necessidade do usuário. Assim, é importante que o consultor de tecnologia esteja ciente dessa e das demais necessidades do usuário final do equipamento no momento da escolha do novo notebook.

Considerações finais

Notebooks têm características similares às dos desktops, mas que permitem portabilidade e uso em espaços menores. É fundamental que o profissional de tecnologia conheça a ação de hardware e software, permitindo que, em casos de resolução de problemas, fique evidente a abordagem da sua causa raiz.

Anotações

2
Apresentação dos dispositivos internos

Apesar de seu tamanho reduzido, um notebook possui recursos e características similares a desktops e equipamentos de maior processamento. Neste capítulo, abordaremos os dispositivos internos encontrados em notebooks e as respectivas funções de cada um deles.

Componentes de uma placa-mãe e suas funções

Segundo Murakami, Lopes e Bauer (2015), a placa-mãe é um componente responsável pela interconexão de todos os dispositivos de hardware de um computador. Nela, normalmente são conectados dispositivos importantes, como processadores, memórias, dispositivos de armazenamento de dados e demais dispositivos que realizam operações importantes para o funcionamento de um computador. Na figura 1, é possível observar uma placa-mãe de notebook.

Figura 1 – Placa-mãe de notebook.

Em razão de sua portabilidade, os notebooks têm vários de seus chips soldados diretamente na placa-mãe. Diferentemente dos desktops, os notebooks trazem processadores diretamente atrelados a esse componente, não sendo possível sua substituição ou upgrade. Em modelos recentes, é possível, ainda, encontrar chips de memória atrelados a eles também.

Destacam-se, principalmente, os seguintes componentes em uma placa-mãe de notebook:

- **Processador:** unidade de processamento responsável pelos cálculos e pelas atividades exercidas em um computador. O processador normalmente encontra-se soldado em placas-mãe de notebooks e possui sob seu chip dissipadores e unidades de refrigeração, como coolers e derivados exclusivos para seu uso, conforme apresenta a figura 2.

Figura 2 – Cooler de processador.

- **Slots de memória RAM:** dedicados à expansão e à inserção de memória RAM, as placas-mãe de notebook costumam ter de um a dois slots, que permitem sua expansão. Como citado anteriormente, alguns modelos têm seus chips de memória soldados diretamente na placa. Na figura 3, é possível verificar um slot de expansão comumente encontrado em placas-mãe de notebooks.

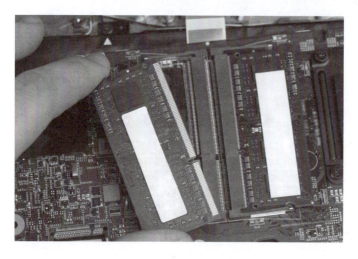

Figura 3 – Slots de encaixe de memória RAM.

As memórias de notebook normalmente adotam o padrão *small outline dual in-line memory module* (SODIMM), menor que o comumente encontrado em placas-mãe de desktop. Apesar de seu tamanho reduzido, sua operação e forma de funcionamento são similares, variando de acordo com a tecnologia utilizada especificamente em cada equipamento. Atualmente, é comum encontrar módulos de memórias de tecnologia DDR3, DDR4 e DDR5 (este último lançado em 2022).

- **Slots de expansão M.2:** os notebooks, em razão de seu tamanho reduzido, adotam tecnologias que permitem conexões a dispositivos que façam uso de pouco espaço físico. Segundo Lee *et al.* (2020), os slots M.2 permitem a conexão de diversos componentes importantes em um computador. Como já visto, SSDs podem fazer uso desse tipo de interface, especialmente por causa das características de velocidade que esses componentes oferecem. Normalmente, os slots M.2 são conexões do tipo PCI em um formato menor. Portanto, é possível encontrar aplicações e dispositivos de expansão dos mais diversos tipos. Em notebooks, além da conexão de SSDs, são utilizadas também placas bluetooth, para adição de placas de rede sem fio, ou até mesmo extensões PCI, para conexões de placas em formato PCI padrão. Na figura 4, é possível observar uma entrada M.2 em placas-mãe.

Figura 4 – Slot M.2.

- **Chipset:** toda placa-mãe é composta por um chipset de controle. Nos dispositivos mais antigos, era comum a adoção e a segregação de componentes em chips norte e sul. Atualmente, com os sistemas modernos, muitos dos componentes são atrelados diretamente para controle via processador, enquanto outros são de controle exclusivo do chipset da placa-mãe. Placas de som e algumas unidades USB são alguns exemplos de componentes que podem ser controlados diretamente por meio do chipset da placa. Esses chips têm uma gama de processadores compatíveis entre si e, dependendo de suas características, podem trazer maior capacidade de expansão ou dispositivos mais simples, limitados a determinadas características, conforme definido o chipset. Na figura 5, é possível observar o chipset de uma placa-mãe.

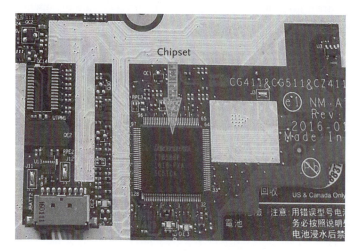

Figura 5 – Chipset de placa-mãe.

- **Conectores flat:** focando na portabilidade e no menor uso possível de espaço, adotam-se cabos flat nos notebooks para conexão de periféricos como teclados, touchpad de mouse, monitores, entre outros. Os conectores flat permitem a conexão de cabos de várias vias, onde transmitem informações necessárias para comunicação com os periféricos. Como esses cabos têm um tamanho bastante reduzido, são amplamente adotados em placas de notebook e muito encontrados nas conexões de placas-mãe. Na figura 6, é possível observar cabos flat realizando as conexões com periféricos de placa.

Figura 6 – Conexão flat.

- **Reguladores de tensão (voltage regulators module – VRM):** normalmente encontrados próximos ao processador, os módulos reguladores de tensão são responsáveis por adequar a tensão à necessidade do processador em determinado momento. Em geral, os computadores recebem tensões de 12 V, utilizadas por diversos componentes do sistema. Os processadores fazem uso de tensões menores, que podem ser incrementadas ou decrementadas de acordo com a carga e o uso do componente. Os VRM são responsáveis por trazer esse controle e manter o funcionamento adequado do sistema. Na figura 7, é possível verificar um regulador de tensão em placas-mãe.

Figura 7 – Regulador de tensão.

- **Bateria de alimentação de basic input/output system/firmware:** toda placa-mãe, seja ela de desktop comum, como as portáteis voltadas para notebooks, conta com instruções básicas de operação que permitem a inicialização de sistemas operacionais. As placas-mãe têm um chip responsável por todas essas operações, que detêm configurações importantes que podem ser alteradas ou até mesmo ajustadas para a necessidade do hardware em si. Ocorre que, para o armazenamento dessas informações e configurações, faz-se necessária a alimentação constante de energia. Para isso, verifica-se um componente relativamente curioso nas placas-mãe, uma bateria. Essa bateria tem como principal função alimentar esse chip, que armazena as configurações e as definições realizadas para aquele hardware. Caso o fornecimento de energia seja interrompido, as configurações e as definições previamente ajustadas nesse componente serão perdidas, sendo necessária toda sua reconfiguração. Informações de data e hora, ordem de inicialização de dispositivos no sistema, entre outras configurações, exigirão novamente sua configuração. Dessa forma, por mais simples que uma bateria para alimentação dos componentes eletrônicos possa parecer, ela tem uma função importante nos computadores. Na figura 8, é possível verificar a bateria presente nas placas-mãe.

Figura 8 – Bateria de placa-mãe.

- **Bateria de notebook:** visando à portabilidade, a bateria de um notebook permite o funcionamento do aparelho sem que este precise estar diretamente conectado a uma tomada elétrica, o que possibilita aos dispositivos operararem por um tempo limitado sem a necessidade de uma nova recarga. Equipamentos mais antigos tinham baterias externas removíveis, que possibilitavam sua substituição por meio de encaixes, sem a necessidade de abertura de elementos internos. Equipamentos mais novos trazem baterias embutidas ao sistema como um todo, ainda sendo possível trocá-las, mas agora com a necessidade de acompanhamento de profissionais habilitados. Apesar de ser um item comumente encontrado em todos os notebooks, cada um conta com uma bateria de capacidade específica, adequada ao hardware ali presente. Na figura 9, é possível verificar bateria do tipo removível em notebooks.

Figura 9 – Bateria removível em notebook.

Os notebooks também são divididos em segmentos corporativos e de uso pessoal. É possível, ainda, verificar nos do primeiro grupo baterias removíveis, porém sua utilização está caindo em desuso, sendo mais comum encontrar dispositivos com baterias internas, como mostra a figura 10.

Figura 10 – Bateria interna em notebook.

Mesmo se for interna, a bateria ainda é um componente que permite troca quando está avariada. Nesse caso, no entanto, exige maior conhecimento técnico, uma vez que demanda a desmontagem do notebook.

Identificação técnica dos componentes

Os componentes internos de um notebook podem ser identificados e verificados tanto em sua inspeção física quanto com o auxílio de softwares. Muitas vezes, o profissional de TI precisa verificar informações importantes do sistema portátil, mas não deseja efetuar sua respectiva desmontagem e checagem física. Muitas vezes ainda, em um eventual suporte remoto, o profissional precisa das informações de hardware, para verificar qual é o ambiente com que está lidando.

Em sistemas Microsoft Windows, é possível verificar informações de hardware acessando a opção "Sistema" nas Configurações do Windows. A figura 11 mostra as configurações de um computador verificadas pelo sistema Microsoft Windows.

Figura 11 – Informações de Sistema Windows 11.

Além dos softwares e das funcionalidades que acompanham a plataforma Microsoft, o sistema operacional permite que maiores informações sejam coletadas. Porém, caso seja necessário verificar ainda mais detalhes de hardware, o profissional de TI precisará contar com o auxílio de outras ferramentas, que trarão maiores informações a respeito do hardware em questão. O CPU-Z, por exemplo, uma plataforma de uso aberta, é uma excelente opção para profissionais de TI que necessitam verificar maiores informações acerca do hardware presente. Na figura 12, o software CPU-Z traz informações importantes sobre o processador, além de disponibilizar informações sobre vários outros componentes de hardware do sistema.

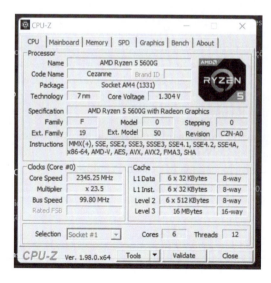

Figura 12 – Informações de processador.

O software permite a identificação das características técnicas do hardware presente. Na figura 12, o software traz informações como modelo, número de núcleos físicos e lógicos, assim como clock de operação e instruções de processamento. Segundo Domas (2018), as instruções de um processador são importantes para a execução de aplicações e programas específicos, que exigem que a unidade de processamento esteja preparada para lidar com essas instruções.

Ainda no software, o profissional de TI consegue analisar outras características, como placa-mãe, pentes de memória, chips gráficos e demais componentes de hardware que estão presentes no dispositivo em manutenção.

Já em sistemas GNU/Linux, as informações podem ser obtidas por meio do comando *dmidecode*, e, assim, o profissional poderá analisar com a saída de texto quais componentes estão conectados à placa-mãe. Na figura 13, o profissional de TI verifica informações sobre um dos módulos de memória presentes no notebook.

```
Handle 0x0008, DMI type 17, 84 bytes
Memory Device
        Array Handle: 0x0001
        Error Information Handle: 0x0007
        Total Width: 64 bits
        Data Width: 64 bits
        Size: 8192 MB
        Form Factor: SODIMM
        Set: None
        Locator: DIMM 0
        Bank Locator: P0 CHANNEL A
        Type: DDR4
        Type Detail: Synchronous Unbuffered (Unregistered)
        Speed: 3200 MT/s
        Manufacturer: Samsung
        Serial Number: 00000000
        Asset Tag: Not Specified
        Part Number: M471A1G44AB0-CWE
        Rank: 1
        Configured Memory Speed: 3200 MT/s
        Minimum Voltage: 1.2 V
        Maximum Voltage: 1.2 V
        Configured Voltage: 1.2 V
        Memory Technology: DRAM
        Memory Operating Mode Capability: Volatile memory
        Firmware Version: Unknown
        Module Manufacturer ID: Bank 1, Hex 0xCE
        Module Product ID: Unknown
        Memory Subsystem Controller Manufacturer ID: Unknown
        Memory Subsystem Controller Product ID: Unknown
        Non-Volatile Size: None
        Volatile Size: 8 GB
        Cache Size: None
        Logical Size: None

Handle 0x0009, DMI type 20, 35 bytes
Memory Device Mapped Address
        Starting Address: 0x00000000000
        Ending Address: 0x003FFFFFFFF
        Range Size: 16 GB
        Physical Device Handle: 0x0008
        Memory Array Mapped Address Handle: 0x0002
        Partition Row Position: Unknown
        Interleave Position: Unknown
        Interleaved Data Depth: Unknown
```

Figura 13 – Parte de saída de comando *dmidecode*.

É possível identificar inclusive informações de tensão, fabricante de chip e até seu respectivo número de série. O comando *dmidecode* traz informações de todos os itens de hardware conectados à placa-mãe.

De modo similar ao que ocorre na plataforma Windows, para a identificação de informações de processador, o profissional de TI deve utilizar o comando *cat /proc/cpuinfo*, conforme mostra a figura 14.

```
processor       : 0
vendor_id       : AuthenticAMD
cpu family      : 23
model           : 96
model name      : AMD Ryzen 5 PRO 4650U with Radeon Graphics
stepping        : 1
microcode       : 0x8600106
cpu MHz         : 1402.152
cache size      : 512 KB
physical id     : 0
siblings        : 12
core id         : 0
cpu cores       : 6
apicid          : 0
initial apicid  : 0
fpu             : yes
fpu_exception   : yes
cpuid level     : 16
wp              : yes
flags           : fpu vme de pse tsc msr pae mce cx8 apic sep mtrr pge mca cmov
pat pse36 clflush mmx fxsr sse sse2 ht syscall nx mmxext fxsr_opt pdpe1gb rdtscp
lm constant_tsc rep_good nopl nonstop_tsc cpuid extd_apicid aperfmperf pni pclm
ulqdq monitor ssse3 fma cx16 sse4_1 sse4_2 movbe popcnt aes xsave avx f16c rdran
d lahf_lm cmp_legacy svm extapic cr8_legacy abm sse4a misalignsse 3dnowprefetch
osvw ibs skinit wdt tce topoext perfctr_core perfctr_nb bpext perfctr_llc mwaitx
cpb cat_l3 cdp_l3 hw_pstate ssbd mba ibrs ibpb stibp vmmcall fsgsbase bmi1 avx2
smep bmi2 cqm rdt_a rdseed adx smap clflushopt clwb sha_ni xsaveopt xsavec xget
bv1 xsaves cqm_llc cqm_occup_llc cqm_mbm_total cqm_mbm_local clzero irperf xsave
erptr rdpru wbnoinvd arat npt lbrv svm_lock nrip_save tsc_scale vmcb_clean flush
byasid decodeassists pausefilter pfthreshold avic v_vmsave_vmload vgif v_spec_ct
rl umip rdpid overflow_recov succor smca
bugs            : sysret_ss_attrs spectre_v1 spectre_v2 spec_store_bypass
bogomips        : 4191.36
TLB size        : 3072 4K pages
clflush size    : 64
cache_alignment : 64
address sizes   : 48 bits physical, 48 bits virtual
power management: ts ttp tm hwpstate cpb eff_freq_ro [13] [14]
```

Figura 14 – Informações de CPU em sistemas GNU/Linux.

Esse comando realiza a leitura do arquivo *cpuinfo*, que traz informações dedicadas aos processadores presentes no equipamento. Processadores com múltiplos núcleos terão cada um de seus núcleos identificados na linha *processor*, trazendo logo abaixo suas respectivas características e informações. O modelo apresentado na figura 14 tem como principal característica seis núcleos físicos de operação, com 12 threads. Portanto, a leitura do arquivo *cpuinfo* trará 12 representações de informação de núcleos, cada uma trazendo as características de cada núcleo e thread presentes.

Considerações finais

Notebooks, assim como a maioria dos dispositivos portáteis, têm diversos componentes e características particulares que são de importante conhecimento para o profissional de tecnologia. Conhecendo a função e a importância dos componentes de uma placa-mãe, principalmente em equipamentos portáteis como notebooks, o profissional de tecnologia será capaz de identificar e tratar adequadamente possíveis problemas que afetem esses componentes. Também é fundamental que o profissional tenha conhecimento para identificá-los sem a necessidade de verificação física, fazendo uso de técnicas e ferramentas que possibilitem a identificação dos componentes, bem como suas respectivas características técnicas.

Anotações

3
Fundamentos de eletrônica digital

Computadores e notebooks contam com um vasto e complexo sistema de componentes eletrônicos. É por meio deles que ocorre a operação do equipamento, permitindo que dispositivos como processadores, memórias, unidades de armazenamento e outros se comuniquem entre si e, consequentemente, que os usuários possam executar suas atividades do dia a dia. Neste capítulo, conceitos importantes de eletrônica digital serão abordados, para que profissionais de TI possam diagnosticar possíveis problemas e analisar como saná-los.

Sistema binário e hexadecimal

Uma das características fortemente presentes em computadores é sua compreensão por meio de valores e atributos específicos no ambiente computacional. Sistemas de origem binária e hexadecimal são essenciais para o funcionamento desses dispositivos, assim como permitem sua automatização e operação. Controles de operação, endereçamento de memória, entre outras diversas operações, são encontradas em computadores que necessitam desses sistemas para serem operados.

Segundo Haupt e Dachi (2016), os sistemas binários são compostos por dois valores: 0 e 1. Cada valor pode representar um estado de determinado componente ou sistema, sendo 0 para desligado e 1 para ligado. Em computação, os sistemas binários são utilizados e obtidos por variações de tensão entre determinados componentes. Sistemas digitais convertem sinais analógicos em variações binárias, permitindo que computadores e notebooks processem informações no formato binário. Na figura 1, é possível observar uma aplicação de sistemas binários em um sistema de automatização.

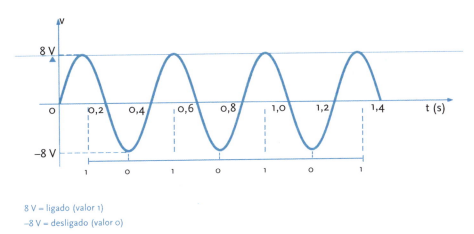

8 V = ligado (valor 1)
−8 V = desligado (valor 0)

Figura 1 – Demonstração de sinal analógico para lógica digital binária.

Ao verificar a representação, a partir do momento que a senoide atinge seu pico em 8 V de tensão, o sistema determina esse valor como 1. O mesmo ocorre quando a tensão é convertida para −8 V, assumindo o valor de 0. No intervalo de 0 até 1,4 segundo, a curva ascendeu e descendeu algumas vezes, apresentando os valores 1010101. Essa sequência binária pode representar valores no sistema que possibilitam a compreensão de ações e automatizações realizadas pelo computador. O valor binário 1010101 pode ser convertido em valores decimais, conforme demonstra a tabela 1.

Tabela 1 – Representação binária em decimal.

Valor binário	Representação decimal
1	1
0	2
1	4
0	8
1	16
0	32
1	64

A base binária apresenta valores de base 2 elevados à quantidade de bits representados. No exemplo, é possível verificar 7 bits, portanto é importante adequar os respectivos valores aos dados binários correspondentes ao número de bits disponíveis. Para efetivar sua conversão para a base decimal, é importante considerar valores de representação de bits ligados (valor 1) e descartar os valores de bits desligados (valor 0). Portanto, segundo a tabela, os bits marcados com valores 1 devem ser somados, resultando na seguinte fórmula:

$$1 + 4 + 16 + 64 = 85$$

Dessa forma, é possível concluir que o valor binário de 1010101 equivale a 85 em base decimal. Esses valores podem ter representações e ações internas no sistema. A lógica binária pode ainda ser combinada com bases hexadecimais, comumente utilizadas em endereçamentos de memória e que trazem a representação em baixo nível de softwares e executáveis. Muitas das informações transmitidas em rede também são realizadas por meio de valores hexadecimais, permitindo que sniffers de rede capturem informações em formato hexadecimal e realizem sua leitura e desencapsulamento, conforme demonstra a figura 2.

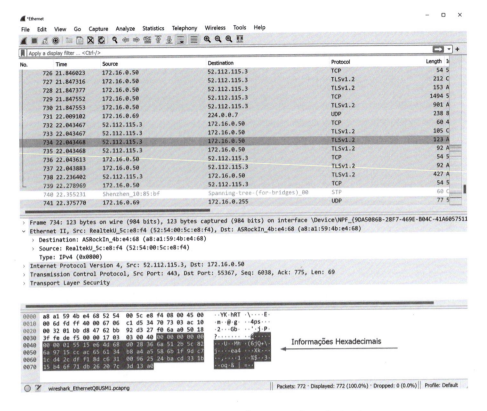

Figura 2 – Captura de pacote de rede com informações hexadecimais.

Por apresentar maiores variações, a utilização de valores hexadecimais permite que mais informações sejam transportadas em uma comunicação. Sistemas de base hexadecimal adotam 16 posições, conforme mostra a tabela 2.

Tabela 2 – Representação hexadecimal em decimal.

Valor hexadecimal	Representação em decimal
0	0
1	1
2	2
3	3
4	4

(cont.)

Valor hexadecimal	Representação em decimal
5	5
6	6
7	7
8	8
9	9
A	10
B	11
C	12
D	13
E	14
F	15

Cada valor representa um valor decimal, sendo que valores hexadecimais podem ser convertidos diretamente para valores decimais como binários. Valores hexadecimais podem considerar quatro posições binárias, uma vez que trabalham com bases de valor 16 em vez de bases de valor 2, como números binários.

Ao se deparar com valores hexadecimais, é possível realizar sua conversão tanto para números decimais como para binários. Tomando como exemplo o valor 2A60, sua conversão para valores decimais se dá da seguinte maneira:

2A60, em que:

- 0 encontra-se na posição 0;
- 6 encontra-se na posição 1;
- A encontra-se na posição 2;
- 2 encontra-se na posição 3.

Temos:

$0 \times 16^0 = 0 \times 1 = 0$

$6 \times 16^1 = 6 \times 16 = 96$

$10 \times 16^2 = 10 \times 256 = 2.560$

$2 \times 16^3 = 2 \times 4.096 = 8.192$

$0 + 96 + 2.560 + 8.192 = \mathbf{10.848}$

Dessa forma, ao realizar a conversão dos valores hexadecimais de 2A60 para decimal, o valor 10.848 é obtido. Em computação, valores hexadecimais podem representar diversas informações, como cores, conteúdo de arquivos, linhas de código, posições e endereços de memória, entre outras. Aliados aos números binários, os valores hexadecimais possibilitam que sistemas automatizados, como o de computadores e notebooks, operem por meio de variações de tensões e fluxo de dados. Os dados em valores decimais e hexadecimais são de extrema valia para o profissional de TI: são as representações básicas de informações para um sistema automatizado.

Por meio dos sistemas decimais e hexadecimais, os computadores realizam operações lógicas. Essas operações lógicas, quando combinadas com entradas de dados, originam novas informações, essenciais para a gestão de hardware. Destacam-se como portas lógicas as operações E (And), Não E (Nand), Não (Not), Não Exclusivo (Xor), Ou (Or) e Não Ou (Nor), conforme demonstra a tabela 3.

Tabela 3 – Operações lógicas.

A	B	A e B	A não e B	A ou B	não A	A xor B
0	0	0	1	0	1	0
0	1	0	1	1	1	1
1	0	0	1	1	0	1
1	1	1	0	1	0	0

Os circuitos, diante das portas lógicas e aliados aos valores binários, permitem que os componentes eletrônicos realizem operações e ações que resultam em valores que possibilitam sua automação. Computadores e notebooks são dependentes desses valores, e seu correto funcionamento é essencial para sua interpretação e processamento correto das informações.

Principais componentes e suas respectivas funções em circuitos eletrônicos de notebooks

Placas de circuito lógico são essenciais para o correto funcionamento de computadores e notebooks. Segundo Crivador (2020), componentes eletrônicos são interligados pelas placas e possibilitam que operações lógicas sejam realizadas. Computadores e notebooks têm componentes especiais, sobretudo em suas respectivas placas-mãe, que exigem atenção especial do profissional de TI. Esses componentes são responsáveis por ações importantes e estão presentes na maioria dos circuitos do computador e de automatização. São eles:

- **Capacitor:** responsável pelo armazenamento temporário de cargas elétricas. Em um circuito, um capacitor consegue armazenar e liberar essas cargas quando necessário, possibilitando o aumento de determinada corrente por um curto período de tempo.

- **Circuitos integrados de regulagem de tensão:** um regulador de tensão, conhecido como VRM, tem a função de receber tensões de valor variável e regulá-las em valores de saída fixa.

- **Jumpers:** responsáveis por estabelecer ou desarmar circuitos temporários. Determinados circuitos abertos ou fechados temporariamente permitem o acionamento ou a desativação de determinadas ações em um circuito.

- **Circuitos integrados em geral:** os circuitos integrados são componentes que, no geral, possuem resistores, transdutores e diversos outros componentes eletrônicos que, combinados, geram um determinado comportamento no dispositivo. Há circuitos integrados dedicados a processamento de áudio, outros dedicados a controle de memória. As placas-mãe possuem circuitos integrados dos mais diversos tipos, cada um com uma finalidade.

Na figura 3, é possível observar uma placa-mãe e seus componentes em destaque.

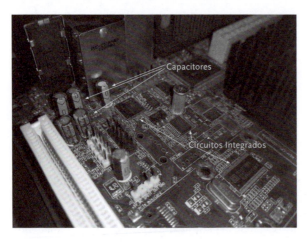

Figura 3 – Placa-mãe e seus componentes.

Esses circuitos são essenciais para o funcionamento de um computador ou de um notebook. Na eventual falha ou mau funcionamento de um deles, os dispositivos ou as ações pelos quais esses componentes são responsáveis podem apresentar problemas, sendo necessário que o profissional de TI identifique-os e, se for o caso, substitua os componentes.

Principais ferramentas e como utilizá-las na medição de características de componentes

Ao lidar com manutenção de hardware em computadores e notebooks, o profissional de TI precisa das ferramentas adequadas, que possibilitem não só a verificação física de funcionamento, mas também a verificação dos valores obtidos pelos componentes. De acordo com Tocci, Widmer e Moss (2011), ferramentas como multímetros auxiliam na verificação do funcionamento desses componentes. Munidos do esquema eletrônico de determinado circuito, o profissional de TI consegue verificar se os componentes eletrônicos apresentam comportamento adequado ao circuito, sem tensões elevadas ou abaixo do índice normal. Na figura 4, é possível observar um multímetro durante a leitura de tensão de uma bateria.

Figura 4 – Leitura de tensão de uma bateria CR2032.

O **multímetro** permite ao profissional de TI verificar várias informações importantes nos componentes eletrônicos de um sistema, como a leitura de tensão e corrente de circuitos de corrente alternada (CA) e de corrente contínua (CC). Na figura 4, o profissional posiciona as duas pontas de prova do equipamento, uma em cada polo da bateria, e, com a seleção de tensão em CC, faz a medição da bateria na placa-mãe. Nesse circuito em si, a bateria, que opera em tensão convencional de 3 V, apresenta tensão de 1,409 V, ou seja, abaixo do recomendado, o que indica que ela deve ser trocada.

As pontas de prova de um multímetro podem ser inseridas também nos contatos de circuitos integrados, capacitores e componentes em geral para realizar sua respectiva medição de valores de operação. Munido do esquema eletrônico e dos valores que determinados componentes devem entregar, o profissional de TI consegue analisar e indicar quais componentes apresentam comportamento anômalo.

Outro equipamento extremamente útil para o profissional de TI analisar circuitos eletrônicos é o **osciloscópio** (figura 5). Um osciloscópio traz informações sobre variações elétricas, pulsos e oscilações nos circuitos. Segundo Santos (2020), um osciloscópio pode auxiliar um profissional a detectar pequenas oscilações averiguadas nos circuitos elétricos e até mesmo detectar anomalias em circuitos que dependem dessas variações.

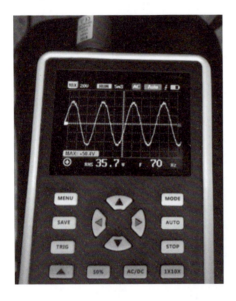

Figura 5 – Osciloscópio durante medição de variações.

Um osciloscópio, assim como o multímetro, possui suas respectivas pontas de prova, conhecidas como sondas, que permitem seu uso na verificação de variações. No exemplo da figura 5, é possível observar que o dispositivo realiza a verificação de sinal em corrente alternada, com frequência de senoide em 70 Hz de valores em torno de 35,7 V. Em sistemas eletrônicos, essas variações podem ser analisadas tanto em CA como em CC, e normalmente apresentam valores mais baixos de tensão, variando de acordo com a característica de cada circuito.

Um osciloscópio pode inclusive detectar problemas quando um multímetro não consegue. Fontes de tensão que emitem valores corretos, mas têm um sinal poluído, trazendo pequenas variações prejudiciais ao circuito ou até rápidos picos de tensão, são exemplos de quando multímetros e osciloscópios podem se complementar. Essas ferramentas são essenciais para profissionais de TI que precisem fazer eventuais manutenções em hardware.

Por fim, encontrados os dispositivos defeituosos e que precisam de troca no circuito eletrônico de notebooks e computadores, faz-se necessária a soldagem. Ferro de solda, bem como materiais de estanho e liga adequados, é essencial para esse procedimento. A figura 6 apresenta a ferramenta em operação.

Figura 6 – Estação de solda.

Estações de solda, com pontas de precisão e regulagem de temperatura adequada, são de grande valia para o profissional, facilitando seu trabalho e possibilitando maior precisão em sua operação. Muitas estações de solda acompanham lupas e ferramentas que auxiliam na visualização de componentes muito pequenos.

Considerações finais

Um profissional de TI munido das ferramentas corretas consegue realizar a manutenção de diversos componentes de hardware. Porém, para isso, conhecer como funcionam esses componentes é essencial, assim como saber operar as ferramentas e sua utilização. Um profissional de TI deve ter conhecimentos básicos de eletrônica para lidar com a manutenção de componentes dessa natureza e ser capaz de diagnosticar componentes-chave que podem apresentar problemas em computadores e notebooks. Seu conhecimento deve se estender também à lógica de funcionamento do dispositivo, compreendendo a importância de valores binários, hexadecimais e como estes se comportam na operação de computadores e notebooks.

Anotações

4
Componentes externos de notebooks

Apesar do tamanho de hardware reduzido, notebooks possuem componentes e expansões similares aos computadores de mesa comum. Muitos notebooks contam com portas específicas e expansões que permitem não só a simples conexão de mouses e teclados, mas até mesmo de docks de expansão e hardwares dedicados à aceleração de vídeo. Neste capítulo, vários dos componentes externos de notebooks e as respectivas características de cada um serão abordados.

Expansões, funcionalidades de portas e conectores externos

Com o passar dos anos, os notebooks sofreram diversas evoluções, especialmente no hardware, o que possibilitou que o tamanho dos componentes fosse reduzido. Segundo Corrêa (2017), a redução de tamanho dos componentes eletrônicos em computadores trouxe a possibilidade de hardwares mais robustos, potentes e com uma dissipação de calor aprimorada. Um dispositivo eletrônico de um notebook desenvolvido em meados dos anos 2000 difere consideravelmente em tamanho e capacidade de processamento de um mais atual, de 2020 em diante. Os elementos externos não diferem dessa característica, destacando-se, principalmente:

- **Portas universal serial bus (USB):** comumente encontradas nos equipamentos da atualidade. Notebooks mais antigos podem ter versões mais antigas dessa conexão, denominadas 1.0. Já as portas USB 2.0, segundo Jolfaei *et al.* (2009), trouxeram grandes diferenças, com suporte a velocidades de transferência próximas a 400 Mbps por segundo e cargas de corrente maiores do que as das versões 1.0. A evolução para portas com suporte a protocolos mais avançados originou as versões 3.0, 3.1 e 3.2. Os padrões USB também foram diversificados ao longo do tempo, não contando mais com o padrão A, mas também com padrões do tipo C e derivados. Na tabela 1 é possível observar cada tipo de USB e suas características.

Tabela 1 – Características de USB.

Versão da USB	Velocidade	Tensão/corrente suportada	Tipos de conectores
1.0/1.1	12 Mbps	5 V/0,5 A	A, mini-a, micro-A, B, mini-b, micro-B
2.0	480 Mbps	5 V/0,9 A	A, mini-a, micro-A, B, mini-b, micro-B
3.0 (atualmente com nomenclatura 3.1 Gen 1)	5 Gbps	5 V/0,9 A	A, B, mini-b, micro-b

(cont.)

Versão da USB	Velocidade	Tensão/corrente suportada	Tipos de conectores
3.1 Gen 2	10 Gbps	5 V/0,9 A	A, C
3.2	20 Gbps	5 V/0,9 A	C
Thunderbolt 3	40 Gbps	18 V/5 A	C

Notebooks modernos comumente apresentam os tipos A e C, ainda sendo encontradas portas USB do tipo C com tecnologia Thunderbolt, que permitem a conexão completa da interface para dispositivos que exigem maior banda e capacidade energética. A figura 1 monstra um modelo com essa tecnologia.

Figura 1 – Interfaces USB em notebooks.

- **Conectores de energia pino:** grande parte dos notebooks, especialmente os anteriores às tecnologias de suporte a altas potências em USB, fazem uso de carregadores do tipo pino (figura 2). Uma das desvantagens desse tipo de carregador é seu encaixe proprietário, uma vez que cada fabricante pode adotar bitolas diferentes para seu funcionamento. Outro detalhe importante a ser destacado é que, por ser específico de cada fabricante, as fontes de alimentação também podem fornecer valores de tensão diferentes para cada modelo. Portanto, é fundamental que o profissional de TI se atente aos valores suportados nas especificações do notebook no qual realiza manutenção e suporte.

Figura 2 – Adaptador de energia do tipo pino.

- **Conectores P2/P3:** elemento comumente encontrado em notebooks antigos e mais novos. Os conectores P2/P3 são responsáveis por fornecer sinais de áudio a dispositivos externos, como fones de ouvido ou até mesmo aparelhos amplificadores de som.
- **Leitores de cartão:** notebooks são equipados com leitores de cartão, variando de acordo com o tamanho e o desenvolvimento de design do fabricante.
- **Plugue RJ45:** porta dedicada à conexão de cabo ethernet, permitindo que o notebook se comunique não só em redes sem fio, mas também em redes cabeadas. Muitos modelos recentes que priorizam a diminuição de tamanho já não apresentam mais plugues RJ45, os quais costumam ser substituídos por adaptadores USB RJ45.
- **Portas de vídeo externo HDMI/D-PORT/D-SUB:** notebooks focam sua portabilidade e possibilidade de conexão em equipamentos de vídeo externo como monitores e projetores. Apesar de um formato antigo e em desuso, o D-SUB analógico ainda pode ser encontrado em notebooks, porém está sendo amplamente substituído pelas conexões digitais HDMI e D-PORT.
- **Dock station:** muitos notebooks têm a capacidade de, por meio das conexões USB disponíveis ou até mesmo de conectores especiais do fabricante, se conectar com dispositivos que aumentam a quantidade de conexões externas do equipamento. Na figura 3, é possível observar uma porta dedicada a conexões de dock station.

Figura 3 – Dock station.

A dock station pode trazer múltiplas conexões ao notebook, possibilitando ao usuário expandir o uso de conectores USB, ethernet, conectores de vídeo, entre outros. As dock stations são comumente encontradas em ambientes em que o notebook é o principal computador de trabalho, sendo utilizado em ações que exigem portabilidade ou como um dispositivo de mesa, similar a uma estação de trabalho desktop. Atualmente, com a expansão de capacidade dos conectores USB, muitas dock stations fazem uso desse conector para expansões em notebooks, permitindo ampla compatibilidade, independentemente do fabricante.

A função da bateria e seu diagnóstico

Como todo equipamento portátil, notebooks contam com baterias para funcionar em locais em que não há fornecimento de energia. Baterias são fontes de corrente contínua, responsáveis pela alimentação dos componentes internos e externos conectados ao notebook. Cabe destacar que, como qualquer bateria, este é um elemento que possui vida útil, assim, após determinado tempo de uso, sua capacidade de armazenamento de carga é reduzida. Segundo Salinas e Kowal (2020), uma bateria de lítio, material utilizado em baterias de notebooks modernos, suporta ciclos de até cem cargas e descargas completas em sua plena capacidade. Após esse período, a bateria perde sua capacidade plena de armazenamento de carga aos poucos, tornando o fornecimento energético mais limitado. Essa é uma característica normal desse componente. Porém é fundamental que o profissional de TI consiga determinar se a bateria do equipamento está em condições de uso, mesmo que não em sua plenitude de carga, ou se deve ser substituída.

De acordo com Smith, Mars e Turner (2002), uma bateria tem a função de fornecer continuamente determinado valor de tensão. Durante o uso, as células vão perdendo suas cargas, e a tensão fornecida pela bateria sofre um decréscimo até um certo limite, para que a bateria continue fornecendo energia aos equipamentos sem promover danos ao seu funcionamento e à própria bateria. Porém, ao atingir valores limites, o notebook obrigatoriamente desliga, para evitar problemas no hardware. Baterias submetidas a descargas profundas, utilizadas além das especificações determinadas pelo fabricante, podem sofrer com desgaste. Isso ocorre pois as células de carga já não mais suportam o armazenamento de carga, o que reduz sua capacidade de operação. Normalmente, os manuais de instrução dos notebooks apresentam o tempo nominal de carga e descarga de suas baterias, de acordo com o tipo de uso. Casos muito divergentes podem ser um indício de necessidade de substituição desse componente.

Outro diagnóstico que pode ser adotado pelo profissional de TI são os softwares de verificação no próprio sistema operacional. Como notebooks são dispositivos desenvolvidos para o monitoramento dos seus componentes, em especial as baterias, várias informações são armazenadas em seu respectivo firmware. Na plataforma Microsoft Windows, é possível obter um relatório completo do estado da bateria, inserindo *powercfg/batteryreport* no terminal de comando. Na figura 4, é possível verificar um relatório gerado.

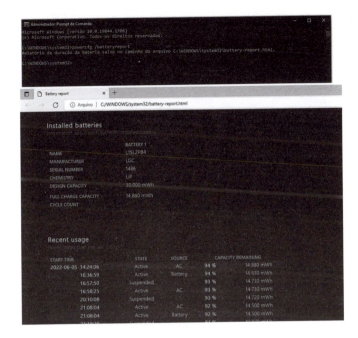

Figura 4 – Relatório de bateria gerado no Windows.

Por meio do relatório mostrado na figura 4, observa-se que a bateria já não está em plena capacidade. Nesse equipamento, com cinco anos de uso, a bateria de 30.000 MWh originais teve redução de capacidade para 14.880 MWh, o que leva à conclusão de que, nesse caso, a substituição da bateria é recomendada. Já a figura 5 demonstra opções de verificação em sistemas GNU/Linux por meio do comando *acpi -V*.

Figura 5 – Verificação de bateria no sistema GNU/Linux.

Apesar de mais simples, o relatório via ACPI traz informações suficientes para a verificação da saúde do equipamento. A capacidade máxima de armazenamento dessa bateria é de 4.090 mAh, e sua última carga máxima foi de 4.019 mAh. Apesar de a bateria demonstrar uma redução (ainda que pequena) em sua capacidade, os valores ainda estão muito próximos do ideal apresentado pelo fabricante. O notebook da figura 5 tem cinco meses de uso e, diferentemente do notebook da figura 4, não precisa ter sua bateria substituída.

Com o passar do tempo, as baterias também podem estufar e apresentar modificações em seu formato original. Quando isso ocorre, devem ser substituídas. Baterias são acumuladores de energia e, se não forem corretamente manipuladas, podem trazer problemas aos componentes elétricos internos do notebook, ou até mesmo explodir.

Considerações finais

Portabilidade e flexibilidade são aspectos bastante valorizados no uso de notebooks. Porém essas características podem resultar em limitações quanto a conexões externas de expansão e limitações energéticas para seus componentes eletrônicos. Diante desses problemas, esses dispositivos sofreram upgrades e melhorias que permitem não só maior capacidade de expansão e recursos como também provimento e eficiência energética. Notebooks modernos contam com tecnologias de altas taxas de transferência de dados e suportam várias horas de trabalho, com baterias e sistemas preparados para as demandas atuais. No entanto, é fundamental que esses equipamentos recebam manutenção adequada e sejam constantemente verificados quanto ao seu correto funcionamento e operação. É papel do profissional de TI analisar esses componentes e, munido das ferramentas e do conhecimento adequado, diagnosticar e reparar possíveis problemas.

Anotações

Anotações

5
O ambiente de trabalho de um profissional de manutenção

Ao manipular notebooks, o profissional de TI necessita de um ambiente de trabalho próprio, que lhe propicie ferramentas e condições para a correta manutenção dos equipamentos. É fundamental que sua estação conte com determinadas ferramentas, além de softwares que possibilitem um rápido diagnóstico tanto de problemas comumente encontrados como troubleshootings mais avançados e que exigem maiores cuidados.

Características do ambiente

É de suma importância que o profissional de TI tenha sua própria bancada de trabalho, com acesso fácil a ferramentas e acessórios que lhe permitam realizar suas atividades. Normalmente, bancadas desse tipo contam com espaços próprios para armazenamento de componentes e ferramentas. Segundo Gramigna (2007), uma boa gestão de projetos se dá principalmente alocando os elementos-chave em suas áreas de domínio. Ao efetuar a manutenção de computadores e notebooks, o profissional de TI precisa encarar seu processo como um projeto, analisando os problemas apresentados, mas, principalmente, com um ambiente adequado à sua produção e ao desenvolvimento de seu trabalho.

É importante também que o ambiente em que equipamento é manipulado não sofra fortes ações de umidade e, sempre que possível, também não passe por variações extremas de temperatura. Isso se dá porque certos componentes são sensíveis a temperaturas extremas e, quando expostas a calor excessivo por muito tempo, podem sofrer avarias, derreter. No caso de temperaturas mais baixas, certos componentes podem ressecar e quebrar.

Ferramenta e espaço necessário para manipulação de equipamento

O espaço necessário para fazer a manutenção básica de notebooks pode variar de acordo com os serviços prestados pelo profissional de TI. Caso o profissional faça somente manutenções vinculadas a software, ferramentas de diagnóstico de hardware podem não ser necessárias. Porém, caso o profissional, além de diagnósticos, realize determinados consertos, uma gama maior de dispositivos pode ser necessária.

Ferramentas comumente usadas na manutenção de notebooks:

- **Estação organizada e com amplo espaço de trabalho:** é importante que o profissional tenha uma estação de tamanho adequado para a manipulação dos equipamentos e dos notebooks. Um espaço que, além de permitir que o notebook seja aberto, tenha condições de armazenar as peças e as ferramentas. Muitas vezes, também são necessárias algumas ações que podem exigir força, portanto é importante que a estação esteja fixada e seja resistente.
- **Monitor para testes:** não é incomum que aparelhos portáteis como notebooks apresentem problemas em suas telas e sejam necessárias conexões auxiliares a monitores externos. É importante que o profissional de TI conte com ao menos

um monitor para testes com entradas analógicas (tipo D-SUB) e digitais (HDMI, DVI ou display port). A utilização de adaptadores nesses casos pode ser uma alternativa viável para a conexão do notebook sob manutenção na bancada. Porém é fundamental respeitar sempre a necessidade energética de cada aparelho. Segundo Greef (2009), saídas digitais como display port precisam de menos potência energética que as analógicas. Ao utilizar adaptadores que não trazem corretamente os níveis de consumo energético, o sistema pode ser sobrecarregado. Portanto, sempre que possível, o profissional deve optar por utilizar adaptadores analógicos em portas analógicas, assim como adaptadores digitais em portas digitais, evitando misturar.

- **Multímetros, osciloscópios, estações de solda e relacionados:** esses itens, abordados no Capítulo 3, são fundamentais para profissionais de TI que vão manipular notebooks e componentes de hardware para realizar o diagnóstico e, se possível, seu reparo. Há, inclusive, profissionais especializados em soldas do tipo ball grid array (BGA). Segundo Meyer *et al.* (2008), muitos chips e circuitos integrados fazem uso do BGA, como é o caso, principalmente, de notebooks processadores e aceleradores gráficos. Na figura 1, é possível verificar um equipamento dedicado a soldas BGA.

Figura 1 – Estação de solda BGA.

Chips do tipo BGA possuem muitos pontos de contato que, em uma eventual necessidade de retrabalho de solda, exigem equipamentos voltados para sua utilização. Cabe ressaltar que esta é uma ferramenta dedicada para profissionais que pretendem realizar esse tipo de reparo, não sendo necessariamente mandatória para todas as manutenções em notebooks.

- **Elétrica adequada e confiável:** dependendo da região em que a estação de trabalho será instalada, as faixas de tensão da rede elétrica podem varias de 110 V a 220 V. A maioria das fontes conversoras dos notebooks é preparada para trabalho em ambas as faixas de tensão, porém, sempre que possível, a presença de um nobreak é bem-vinda. Isso ocorre pois determinadas ações, como upgrade de firmwares e BIOS, exigem energia ininterrupta em seu processo de atualização. Qualquer anormalidade apresentada na rede elétrica que possa prejudicar o funcionamento do equipamento a ponto dele desligar ou travar pode comprometer a gravação do software. Um firmware ou BIOS corrompido pode resultar na não inicialização de hardware do sistema, sendo necessário o processo de regravação de chip por meio de equipamentos especiais. A figura 2 apresenta um equipamento de gravação de firmware e BIOS.

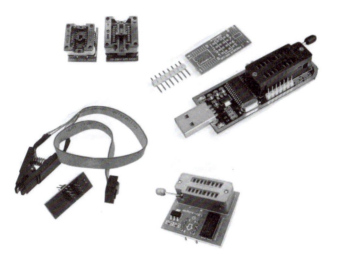

Figura 2 – Equipamento de gravação de BIOS e firmware.

Kits de gravação podem acompanhar os mais diversos elementos, permitindo que chips sejam removidos e gravados via USB e utilizados por meio de ligações diretas à placa-mãe, de conexão com alicate próprio. Apesar de haver ferramentas apropriadas para a realização dessa tarefa, é importante que o profissional de TI, sempre que possível, utilize-as em casos extremos, uma vez que qualquer processo de gravação exigirá a verificação de modelos de armazenamento de memória, tamanho e código adequados.

- **Leitores de CD/DVD externos USB:** em determinados cenários, podem ser necessárias a manipulação e a aquisição de dados em unidades de CD/DVD. Em notebooks mais antigos, leitores e gravadores de CD/DVD eram peças comuns nesses dispositivos. Porém, com a miniaturização dos equipamentos, assim como por causa do desuso desse tipo de mídia, equipamentos mais novos não têm mais esses leitores. Portanto, ao precisar extrair códigos e softwares presentes exclusivamente em CDs e DVDs, é importante que o profissional de TI tenha um leitor externo USB à sua disposição.

- **Ponto de rede à disposição e rede sem fio:** em casos de formatação e até unidades de disponibilização de softwares de instalação, uma rede dedicada à manutenção de computadores e notebooks é bem-vinda. A estação de trabalho do profissional deve conter rede sem fio para testes de funcionamento nos dispositivos e ao menos um ponto de rede cabeado, para casos em que drivers e módulos de rede sem fio dos equipamentos em manutenção ainda não estejam instalados. A disponibilização de uma rede dedicada pode, ainda, facilitar backups e transferências rápida de arquivos entre as manutenções dos equipamentos. É importante também que o profissional possua adaptadores USB de rede, sejam eles sem fio ou cabeados, sobressalentes. Esses adaptadores podem auxiliar no troubleshooting de funcionamento de hardwares e disponibilizar mais uma interface de rede para os notebooks e os computadores em uma manutenção.
- **Servidor dedicado a transferência de arquivos:** uma rede dedicada a manutenção com um simples servidor de armazenamento de dados, popularmente conhecido como network attached storage (NAS), pode ser de grande auxílio para o profissional. Na figura 3, é possível verificar um exemplo de topologia para rede dedicada a suporte.

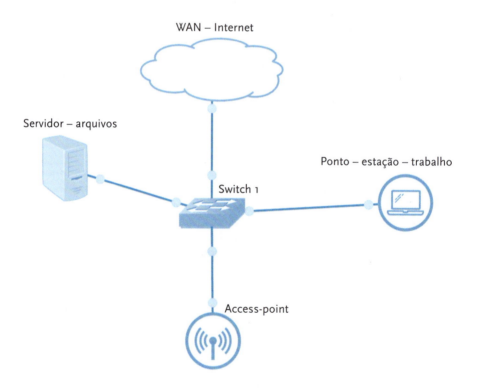

Figura 3 – Topologia dedicada a suporte.

O profissional de TI pode optar por equipamentos voltados ao armazenamento de dados, assim como fazer uso de computadores com discos rígidos comuns. Uma vez que esse tipo de equipamento tem como função o armazenamento temporário de dados em processos de formatação, bem como softwares voltados a essa atividade, não são exigidos hardwares extremamente potentes, sendo possível adotar software livre para sua disponibilização. Segundo Vazquez (2019), o Samba pode ser utilizado em GNU/Linux como software de compartilhamento de arquivos, possibilitando a comunicação entre sistemas Linux e Windows. Por meio dele, o profissional terá um compartilhamento de armazenamento livre disponível em seu ambiente, permitindo que dados sejam transferidos e armazenados temporariamente até a completa manutenção do notebook.

- **Pincéis para limpeza, borracha e limpa contato elétrico:** computadores portáteis tendem a ficar sujos com o tempo, pois, além de serem transportados para vários lugares, contam com coolers de refrigeração que involuntariamente trazem sujeira para os componentes. Pincéis de ponta macia auxiliam o profissional a remover sujeiras indesejadas. Já borrachas similares às de uso escolar podem contribuir na limpeza de contatos elétricos de dispositivos destacáveis, como memórias RAM e unidades PCI de conector M.2. Ao utilizar a borracha para a limpeza desses contatos, é possível remover sujeira acumulada e melhorar os contatos elétricos dos componentes. Por fim, os sprays limpa contato trazem soluções químicas que auxiliam na melhoria e na restauração dos metais de contato, além de protegerem as superfícies de ações de sujeira. São itens importantes para o profissional de TI que manipulará hardware em sua bancada de manutenção.

- **Chave Philips, torque, chave de fenda e outras:** por haver diferentes modelos e marcas de notebooks disponíveis no mercado, é comum que os fabricantes utilizem cada um seu respectivo sistema de encaixe e fixação de peças. É fundamental que o profissional responsável pela manutenção de notebooks possua vários tipos de chave, com tamanhos e bitolas diferentes. Determinadas chaves são voltadas para trabalhos mais delicados e fixam componentes menores, enquanto outras servem para aplicar mais força e torque.

Considerações finais

Um ambiente de trabalho adequado é fundamental para o profissional desempenhar suas atividades de manutenção em notebooks, e isso inclui uma boa disposição das ferramentas, com locais adequados e de fácil manipulação. Sem um ambiente com todos os componentes necessários, o profissional pode ter dificuldade de realizar suas atividades, atrasando serviços ou até impossibilitando determinadas ações de troubleshooting e conserto.

Anotações

6

Iniciando
a montagem
e a desmontagem
de notebooks

Ao realizar a manutenção, a montagem e a desmontagem de aparelhos como notebooks, é importante que o profissional se atente a passos e conceitos importantes. Em geral, notebooks são dispositivos compactos, que tendem a ter componentes de tamanho reduzido e demandam um cuidado mais delicado. Outro ponto importante na manipulação desses equipamentos são seus respectivos parafusos e unidades de fixação. Por conter não só partes fixas, mas também móveis, como dobradiça de monitor e relacionados, é fundamental que o profissional se atente aos fixadores e parafusos que compõem essas peças. Na figura 1, é possível analisar partes móveis de notebooks.

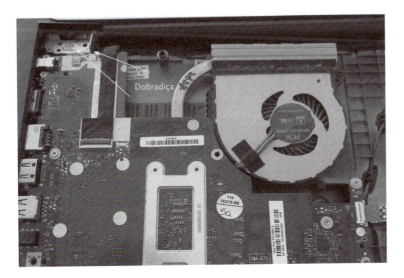

Figura 1 – Partes móveis do notebook.

Normalmente, esses componentes têm parafusos e unidades de fixação especiais, que diferem dos demais equipamentos de fixação no notebook. Isso ocorre porque esses parafusos exigem mais torque e capacidade de suportar maior força oriunda das interações mecânicas a que são submetidos. Caso um parafuso incorreto ou de encaixe menor seja inserido no local, é possível que sua fixação se solte, podendo quebrar ou até mesmo danificar outros componentes do notebook durante a manipulação. Na figura 2, observa-se que o modelo traz uma de suas chaves de fixação sob a placa-mãe. No caso de ruptura de algum suporte da dobradiça, a placa-mãe sofrerá contato direto com a peça. E placas-mãe são circuitos sensíveis que, se submetidos a pressão ou impactos, podem sofrer danos (KOH et al., 1999).

Uma característica fundamental que todo profissional de TI deve ter ao manipular equipamentos portáteis como notebooks é a capacidade de memorização dos elementos. Esses equipamentos têm diversos parafusos, encaixes e variações que são alternadas de fabricante a fabricante, e uma boa prática comumente adotada é fotografar cada momento. Dificilmente os profissionais conseguem memorizar todos os parafusos e processos na desmontagem de notebooks. O registro fotográfico pode até mesmo tirar dúvidas no processo reverso, na montagem do equipamento. A figura 2 mostra um exemplo de registro que o profissional de TI pode fazer.

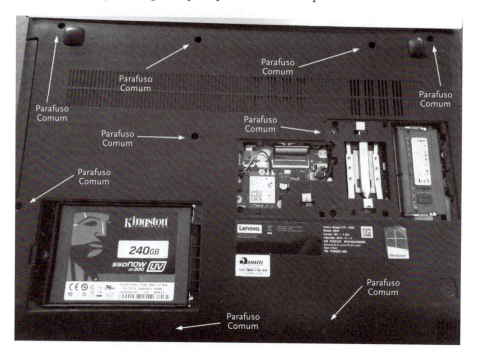

Figura 2 – Registro de desmontagem de notebook.

Posteriormente, quando todos parafusos e peças estiverem soltas na bancada de trabalho, o profissional terá fotos para analisar e verificar a ordem correta e necessária para aparafusá-los de volta.

Boas práticas e formas de montagem e desmontagem

Diferentes tipos de notebooks exigem diferentes formas de montagem e desmontagem. Não só a variação de marcas e fabricantes, mas também as variações entre os anos de fabricação resultam em manipulações distintas entre os equipamentos. Normalmente, ao realizar a abertura de notebooks, é necessário abrir certas travas de encaixe. Para não danificar o corpo do aparelho, é importante que o profissional possua ferramentas que possibilitem a inserção de pressão em pontos estratégicos, como chaves plásticas de corpo mole, similares a paletas e relacionados. A figura 3 mostra um exemplo de jogo de chaves de corpo macio que podem auxiliar na abertura de encaixes de notebooks sem danificá-los.

Figura 3 – Chaves de corpo mole/macias.

A presença dessas chaves não é mandatória na montagem e desmontagem de notebooks, mas são equipamentos de grande ajuda para o profissional, uma vez que, ao manipular encaixes de pressão, chaves convencionais podem danificar corpos plásticos e criar rebarbas no material. Normalmente, as manutenções em notebooks são realizadas em equipamentos que já têm algum tempo de uso. O plástico sofre com a ação do tempo, podendo ressecar e tornar-se mais quebradiço. Com auxílio dessas ferramentas, o profissional evita que problemas relacionados ao dano do plástico ocorram.

O profissional de TI, ao abrir equipamentos para manutenção e verificação, deve se atentar também à sujeira e a possíveis obstruções aos sistemas de refrigeração do equipamento. A maioria dos equipamentos modernos possibilita a abertura de sua tampa traseira para manipulação de dispositivos mais comuns de troca, como discos de armazenamento, memórias e adaptadores de rede, como mostra a figura 4.

Figura 4 – Tampa traseira de acesso a componentes.

Ao abrir a tampa, o profissional deve verificar os pontos de ventilação do equipamento e, sempre que possível, fazer a limpeza com pincéis e ar comprido. Já em manutenções mais profundas, como troca de bateria interna, que exigem a desmontagem completa do equipamento, é importante que o profissional se atente aos pontos principais de aquecimento, como processadores e aceleradores de vídeo, conforme apresenta a figura 5.

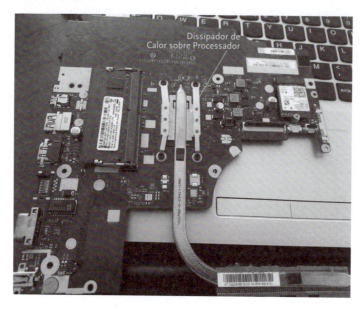

Figura 5 – Placa de notebook com dissipador sobre processador e acelerador gráfico.

Com o dissipador de calor sobre o processador, é importante que o profissional faça a remoção, limpeza e reinstalação de pasta térmica corretamente. Segundo Rotem *et al.* (2007), processadores e componentes relacionados podem sofrer com temperaturas elevadas, levando o dispositivo a trabalhar com velocidades de clock menores e, em casos extremos, queimar componentes importantes para seu funcionamento.

O modelo apresentado na figura 5 já conta com tecnologias em que o chip de processamento é atrelado ao chip acelerador gráfico, porém, em modelos mais antigos, como o da figura 6, esses chips podem ser segregados.

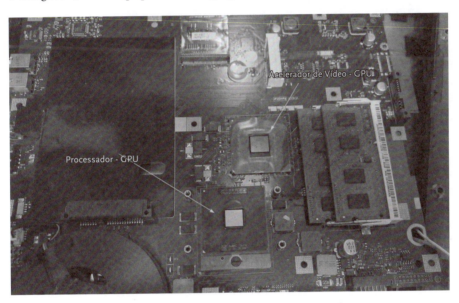

Figura 6 – Placa de notebook com chips de processamento e vídeo segregados.

Ao remover o dissipador de calor para a limpeza de poeira, sujeira e itens relacionados, é fundamental remover a pasta térmica antiga também. Na sua aplicação, deve-se cobrir todo o chip de processamento, uma vez que todo ele deverá estar em contato com o dissipador de calor. Na figura 7, é possível verificar a aplicação de pasta térmica nos dispositivos.

Figura 7 – Aplicação de pasta térmica em chip.

Diferentemente de computadores e chips de desktops, no notebook toda a superfície de contato do processador e acelerador gráfico deve ser coberta com pasta térmica, pois esses dispositivos necessitam de troca de calor eficiente e não podem ter sua temperatura de operação acima do recomendado para uso. Segundo Rossini Jr. (2014), o die de CPU exposto, como é apresentado em notebooks, exige pleno contato com o dissipador de calor.

Por fim, o profissional deve se atentar às fitas de contato dos dispositivos nos notebooks e dispositivos portáteis. Ao realizar sua desmontagem, é essencial adotar como boa prática a desconexão de fitas de contato, como teclado, touchpad, conectores de monitores e itens relacionados. Essa prática auxilia na desmontagem do notebook e evita a quebra dos conectores caso estes sejam submetidos a cargas no momento da desmontagem. Porém é importante se atentar às posições originais dessas peças, uma vez que, ao montar o equipamento, será necessária reconectá-las para o funcionamento dos componentes, como mostra a figura 8.

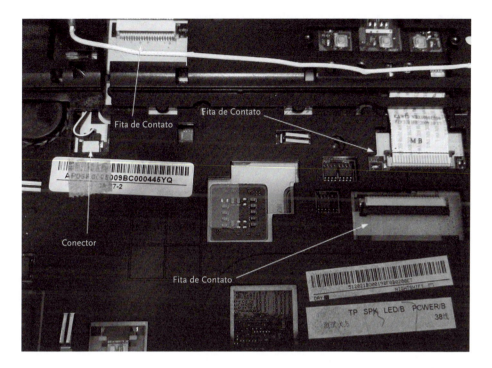

Figura 8 – **Fitas de contato.**

Conectores e fitas de contato são importantes para interligar os dispositivos dos notebooks, como alto-falantes, teclados, touchpads, entre outros. A ausência de conexão desses componentes os deixa não funcionais, e, no processo de montagem, caso sejam esquecidos, podem exigir ordem específica para sua ligação. Portanto, é importante que o profissional se atente a esses pontos.

Considerações finais

Além do conhecimento técnico necessário para a manutenção de notebooks, é importante que o profissional se atente às etapas e se organize no processo de desmontagem e montagem. Esse processo é de extrema importância, uma vez que qualquer equívoco pode acarretar retrabalho. Notebooks são computadores de hardware sensível, portanto o profissional deve se atentar aos cuidados em sua manutenção e às boas práticas de desmontagem e montagem.

Anotações

7
Instalação de sistemas operacionais

Sistemas operacionais realizam um importante papel em computadores e notebooks. De acordo com Tanenbaum e Austin (2013), o sistema operacional de um computador é responsável pela interação entre seu operador e o hardware. Ações necessárias para o controle de hardware na operação e na realização de tarefas de um computador são gerenciadas pelo sistema operacional, facilitando seu uso e possibilitando que seu operador foque em atividades não relacionadas à gerência de hardware.

Um profissional de TI pode optar pelos vários sistemas operacionais disponíveis para uso em seu computador, cada um com sua respectiva característica de uso. Sistemas proprietários como Microsoft Windows e os de plataforma livre com kernel Linux são algumas das opções mais comuns presentes na atualidade. Esses sistemas operacionais têm capacidade de instalação e funcionamento nas plataformas de arquitetura x86, presentes nos computadores e notebooks de uso pessoal.

Efetuando a instalação do sistema operacional Windows 11

O sistema operacional Windows 11, desenvolvido pela Microsoft, é comumente encontrado em computadores e notebooks. Sua instalação pode ser realizada por meio de mídias em CD/DVD e também por dispositivos de armazenamento como pen drive e relacionados.

Para efetuar o download, o profissional deve acessar o endereço da ferramenta e atualização do Windows, presente no endereço https://www.microsoft.com/pt-br/software-download/windows11, como mostra a figura 1.

Figura 1 – Página de download do Microsoft Windows.

Nesse endereço, o profissional de TI poderá escolher entre as várias formas de download e instalação do sistema operacional. Para prosseguir com a criação de uma mídia "bootável", recomenda-se o uso da ferramenta de instalação, na opção *Criar mídia de instalação do Windows 11*. Ao clicar na opção de download, o endereço proverá um arquivo executável, próprio para a geração e o download das dependências do sistema operacional. A figura 2 mostra a inicialização da ferramenta de download e criação de mídia.

Figura 2 – Inicialização da ferramenta de download e criação de mídia.

Ao utilizar a ferramenta de criação de mídia, é importante aceitar os termos de licença, e então proceder aos próximos passos. Posteriormente, a ferramenta apresentará as opções de idioma do sistema operacional, bem como o tipo de mídia desejado para seu uso, sendo estes o download de uma imagem no formato .iso, gravação em unidade flash como pen drive e, por fim, gravação em unidades de DVD, conforme é apresentado na figura 3.

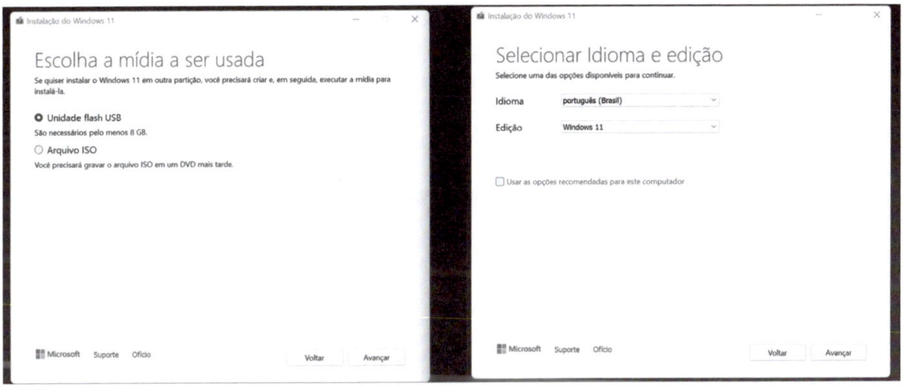

Figura 3 – Seleção de opção de download e instalação da ferramenta de criação de mídia.

Ao selecionar a unidade flash USB, a ferramenta automaticamente efetuará o download da imagem e criará no armazenamento do pendrive as instruções de boot e arquivos necessários para o funcionamento. Após esse processo, já é possível inicializar computadores e notebooks via pen drive e proceder com a instalação.

É importante destacar que o procedimento de criação de mídia de instalação como pen drive e unidades de DVD não se baseiam somente na cópia dos arquivos para os dispositivos de armazenamento. É necessária a criação de instruções de inicialização e sistemas de arquivos adequados para a leitura inicial do sistema básico do hardware (BIOS). Cada computador e notebook possui configuração e layout diferentes de suas configurações básicas, porém todos contêm instruções e seleção de ordem de boot de sistema. Na figura 4, é possível verificar as opções de boot para seleção de unidade de instalação.

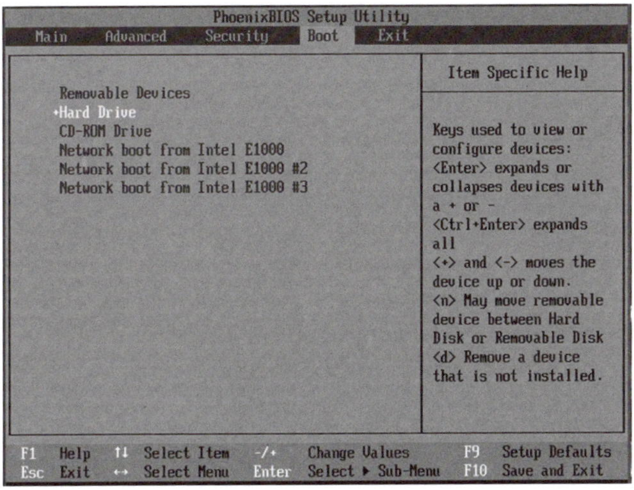

Figura 4 – Opções de boot em BIOS.

Ao efetuar a inicialização pelo dispositivo onde se encontra instalado o sistema operacional, o processo de instalação iniciará requisitando as informações de instalação, como idioma, versão de sistema operacional, unidade de armazenamento em que serão instalados os arquivos do sistema operacional, criação de partições e demais características importantes para seu funcionamento (figura 5).

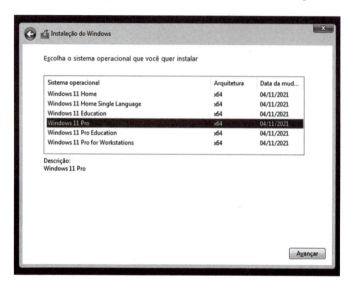

Figura 5 – Seleção de versão de sistema operacional.

O processo de instalação começa e, conforme o processo avança, questões como senhas, integração com conta Microsoft e nomes de usuários vão aparecer. Ao fim da instalação, o sistema estará pronto. E para seu funcionamento em plena capacidade e velocidade, é importante verificar e instalar possíveis drivers de sistema.

INSTALAÇÃO E CONFIGURAÇÃO DE DRIVERS

Drivers são elementos importantes em um sistema operacional (TANENBAUM; HERDER; BOS, 2006), sendo eles os responsáveis pelo reconhecimento e pela forma correta de trabalho de determinados hardwares ao kernel do sistema operacional vigente. Nos sistemas Windows, os drivers têm um papel importante no funcionamento do hardware em geral, permitindo que os dispositivos sejam utilizados em sua capacidade máxima. Em sistemas operacionais Microsoft, é possível verificar o estado dos drivers pela ferramenta *Gerenciador de Dispositivos*, em *Configurações > Sobre*. A figura 6 apresenta os drivers do sistema pelo gerenciador de dispositivos.

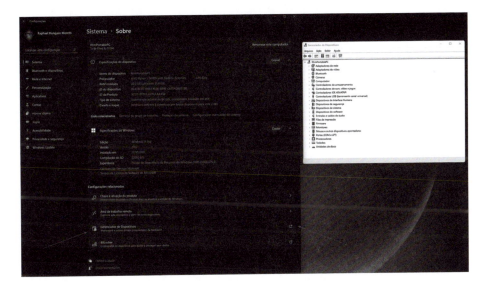

Figura 6 – Gerenciador de dispositivos.

Caso algum driver não esteja instalado ou funcional no sistema, o gerenciador de dispositivos informará sobre possíveis problemas, permitindo uma nova instalação ou a tentativa de solucionar os problemas, conforme mostra a figura 7.

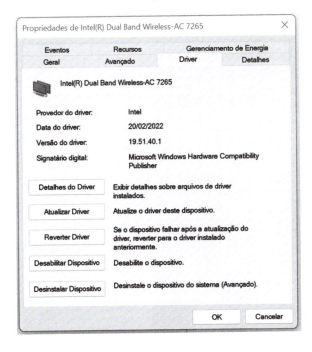

Figura 7 – Solução de problemas de drivers.

Mesmo com drivers atualizados, ainda é possível que o profissional de TI realize a troca, o update ou até mesmo o downgrade de drivers na ferramenta. Cada dispositivo de hardware possui seu driver próprio, e seu download pode ser realizado no site do fabricante.

Atualizações e troubleshooting em sistemas Windows

Os sistemas Microsoft, devidamente licenciados e instalados, suportam atualizações por meio de repositórios presentes no desenvolvedor da plataforma. Esses repositórios trazem atualizações importantes, como estabilidade de sistema e correções de segurança. Seus usuários podem facilmente realizar sua instalação, sem a necessidade de grandes intervenções. Normalmente, as atualizações são realizadas de modo automático. Denominadas KB (Microsoft Knowledge Base), as atualizações são identificadas pelos números específicos a que cada uma representa.

Para realizar a instalação, a verificação e a configuração das atualizações automáticas no sistema operacional Windows 11, o operador de TI deve acessar o menu de configurações do sistema operacional, localizado no menu inicial do desktop, conforme demonstra a figura 8.

Figura 8 – Configurações do sistema operacional.

No menu de configurações, o operador poderá verificar a opção *Windows Update*, que indica se as atualizações estão em dia ou se o sistema da Microsoft tem alguma atualização pendente para fazer. Na figura 9, é possível observar o menu de opções das atualizações automáticas.

Figura 9 – Atualizações automáticas.

As atualizações automáticas ainda permitem que o operador verifique possíveis complementos a seus drivers. Isso ocorre porque a Microsoft mantém, em seu repositório de dados, drivers e softwares comuns aos computadores, o que possibilita que dispositivos funcionem corretamente sem a necessidade de instalar softwares de terceiros. Porém cabe ressaltar que a utilização de drivers dos próprios fabricantes ainda é a mais recomendada para o funcionamento correto de hardware nos sistemas.

Apesar de as atualizações trazerem benefícios ao sistema, podem ocorrer falhas nas respectivas instalações, acarretando mau funcionamento no sistema e até mesmo não permitindo sua inicialização corretamente. O gerenciador de atualizações do Windows conta com verificadores que podem auxiliar o operador ou o profissional de TI a realizar a identificação do problema e a reinstalação ou a desinstalação de softwares que estejam prejudicando a inicialização do sistema. Uma alternativa muito utilizada é a correção de problemas, localizada em *Recuperação*, nas opções do sistema, conforme demonstra a figura 10.

Figura 10 – Recuperação de sistema do Windows.

Nesse ambiente, o profissional de TI pode restaurar o sistema a partir da configuração inicial, sem a necessidade de reinstalar o sistema operacional. Também é possível corrigir problemas sem ter que redefinir todas as configurações já presentes no computador.

A opção *Inicialização avançada* permite que o profissional inicie o sistema operacional no modo de segurança, isto é, com o mínimo de recursos possível para troubleshooting e afins, obtendo um terminal de comando que possibilita a correção de erros e ações no sistema. Segundo Microsoft (2022), *chkdsk* é um comando de correção de arquivos de sistema muito útil para profissionais de TI. Por causa de quedas de energia ou até problemas de instalação, os sistemas de arquivo podem corromper instruções-chave que não possibilitam sua inicialização. O *chkdsk* pode auxiliar o profissional de TI na correção de problemas e retomar a inicialização do sistema normalmente.

A ferramenta *chkdsk* deve ser manipulada com permissões administrativas, e sua opção para verificação e correção de sistemas de arquivo é:

chkdsk /R <Unidade_de_verificação>

Por meio de sua utilização, sistemas de arquivos podem ser recuperados, permitindo que sistemas operacionais voltem à sua operação normal.

Efetuando a instalação de sistema operacional GNU/Linux – Ubuntu

O sistema operacional GNU/Linux – Ubuntu pode ser encontrado em diversos computadores e dispositivos pessoais. Apesar de sistemas derivados de kernel Linux serem menos comuns em notebooks e desktops pessoais, há diversos fabricantes e fornecedores que disponibilizam seus equipamentos com sistemas operacionais abertos, que não necessitam de uma licença de operação.

O sistema operacional GNU/Linux – Ubuntu é um sistema de plataforma aberta que, para ser instalado, exige algumas ferramentas além das fornecidas em seu próprio endereço. É importante que o profissional de TI realize o download de sua imagem de instalação no endereço do próprio sistema operacional, atentando-se para os sistemas de teste e de suporte longo. O Ubuntu conta com versões de teste, porém as versões long-term support (LTS) são as mais recomendadas, uma vez que são disponibilizadas somente quando estáveis e disponibilizam um tempo considerável de suporte a partir de seu lançamento. A figura 11 mostra a tela de download do Ubuntu.

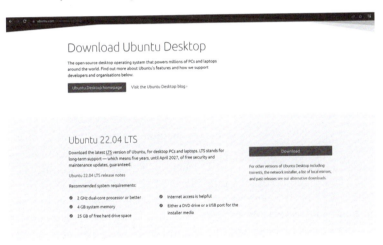

Figura 11 – Download Ubuntu.

Ao fazer o download da imagem do sistema operacional, o profissional de TI pode optar por realizar a gravação em um CD ou DVD ou fazer instalação com um pen drive. Para a instalação via pen drive, recomenda-se o uso do software Rufus para Windows (figura 12), que pode ser encontrado no endereço: https://rufus.ie/pt_BR/.

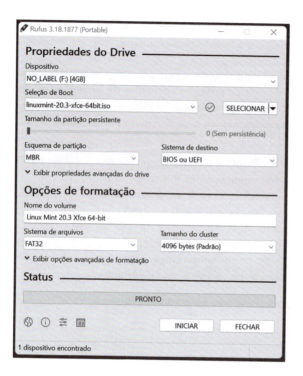

Figura 12 – Software Rufus.

Ao efetuar a criação de pen drive com o sistema operacional, é importante que o profissional de TI se atente aos diferentes esquemas de partição. De acordo com Nikkel (2009), o Master Boot Record (MBR) e o GUID Partition Table (GPT) são formatos diferentes de referência dos dados em uma unidade. O MBR, mais antigo, conta com uma tabela específica para o armazenamento das informações e dos locais em que cada arquivo armazenado no sistema de arquivos está. Já o GPT possui redundâncias de tabelas e conta com outros recursos em caso de possíveis falhas oriundas de corrupção de dados e informações. Ocorre que nem todos os computadores e notebooks modernos suportam as opções de GPT. Portanto, ao criar a unidade de instalação do sistema operacional, atente-se aos recursos da máquina que receberá a instalação. Caso ela suporte os novos padrões GPT, recomenda-se sua instalação. Porém, caso não conte com esse suporte, a utilização do MBR deverá ser considerada.

Uma vez criada a unidade de instalação, o profissional de TI poderá proceder normalmente, adotando os mesmos passos utilizados na instalação da plataforma Microsoft, efetuando as alterações de boot do sistema para a correta unidade e prosseguindo conforme as informações do sistema. Em sistemas GNU/Linux, é importante destacar que são criadas partições específicas para swapping de sistema. Segundo Ko *et al.* (2008), o swapping é uma técnica utilizada pelos sistemas operacionais modernos para permitir que programas sejam abertos e funcionais mesmo quando a memória principal do sistema, conhecida como RAM, chega ao seu limite de capacidade de armazenamento. Apesar de ser uma técnica que permite o funcionamento ininterrupto desses programas, sua performance é muito baixa em comparação ao uso exclusivo de memória RAM, que deve ser utilizada somente em casos extremos. Na plataforma Microsoft Windows, o espaço onde os arquivos de swapping são armazenados compartilha o mesmo sistema de arquivos NTFS presente no sistema operacional. Já nos sistemas GNU/Linux cria-se uma partição dedicada a essa ação, que sempre virá representada na instalação para o profissional de TI realizar seu dimensionamento e alocação. Embora não haja valores obrigatórios para o tamanho da unidade de swapping, é adotada como boa prática ao menos a reserva do mesmo valor de tamanho de memória RAM disponível no sistema. Porém este não é um valor obrigatório, ficando a cargo do profissional de TI escolher o tamanho dessa partição ou até mesmo excluí-la e não disponibilizá-la no sistema, eliminando a função de swapping no S.O. Na figura 13, é possível verificar a etapa de deleção de todo conteúdo de disco rígido e a realização de uma nova instalação no sistema GNU/Linux –Ubuntu.

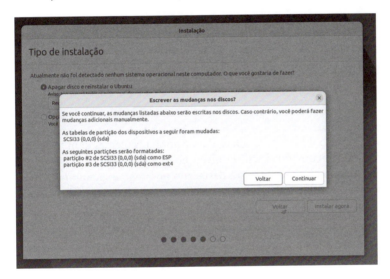

Figura 13 – Seleção de formato de instalação.

Após a instalação do sistema operacional, o profissional de TI poderá prosseguir para as configurações do sistema.

Troubleshooting básico em sistemas de kernel Linux

Assim como em sistemas Windows, os sistemas de kernel Linux também requerem cuidados para seu funcionamento. Apesar da fama de complexidade na manipulação e uso desses sistemas, hoje vários gerenciadores de janelas, como KDE, GNOME, Xfce, entre outros, já possuem ferramentas que possibilitam verificar prováveis erros, troubleshooting e configurações no sistema. Por padrão, o sistema GNU/Linux – Ubuntu traz em sua instalação o gerenciador de janelas GNOME, que permite a verificação de informações do sistema, assim como o estado de seu respectivo funcionamento. Na figura 14, é possível verificar as opções de configuração.

Figura 14 – GNU/Linux – Ubuntu: configurações.

Configurações de resolução de vídeo, idiomas, data e hora, problemas com teclado e mouse são algumas das funcionalidades disponíveis no menu de opções. Caso algum problema seja detectado no sistema, ele será destacado no menu e, quando possível, corrigido por meio de download de softwares específicos ou módulos no sistema.

Sistemas GNU-Linux ainda contam com métodos tradicionais de verificação de erros e registros de log. O profissional de TI pode se atentar também ao arquivo syslog, localizado em /var/log e no qual são reportadas várias ocorrências do sistema, sejam elas informações básicas ou falhas em aplicações ou hardware, conforme demostra a figura 15.

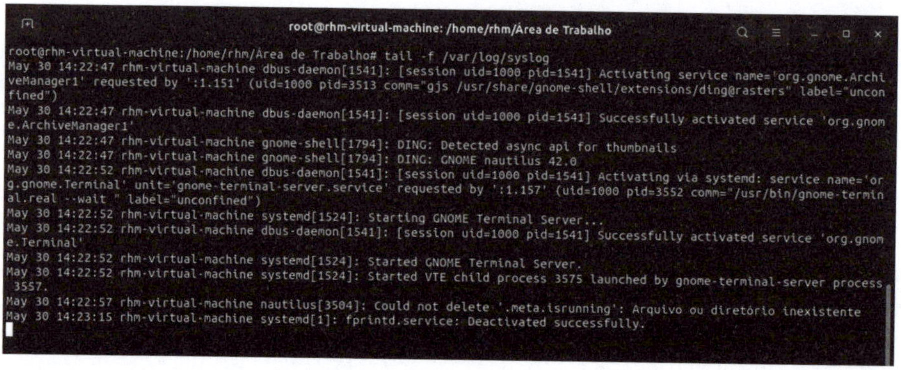

Figura 15 – Verificação do arquivo syslog.

Ao realizar o comando tail *-f /var/log/syslog*, o profissional de TI consegue visualizar em tempo real os registros de log desse arquivo. Apesar das facilidades e das opções gráficas apresentadas, a visualização do syslog ainda é de grande valia e traz importantes informações do sistema que auxiliam no troubleshooting de problemas.

Instalação e configuração de módulos

Sistemas operacionais GNU/Linux denominam os conhecidos drivers dos sistemas Windows como "módulos". Para ambos os sistemas operacionais, drivers ou módulos são peças importantes, que permitem a interação e a manipulação correta dos componentes de hardware com o sistema operacional. Os módulos no sistema GNU/Linux, em especial na distribuição Ubuntu, possuem uma seção voltada para sua verificação de funcionamento e trabalho. Em programas e atualizações, há uma seção dedicada aos drivers do sistema, em que o profissional de TI pode analisar se todos os drivers e módulos do sistema operacional estão funcionais e operantes (figura 16).

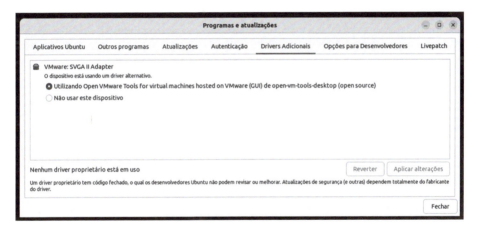

Figura 16 – Módulos de sistemas operacionais.

Por meio do utilitário, é possível incluir e verificar módulos e drivers adicionais que o sistema operacional não pode localizar ou instalar no seu processo de configuração. Ao mesmo tempo, assim como nas plataformas Microsoft, o profissional de TI também pode efetuar o download dos módulos próprios para cada tipo de hardware no site dos fabricantes, fazendo a respectiva instalação e configuração de cada um deles. Os módulos podem ser também gerenciados pelo comando modprobe nos terminais do sistema, carregando possíveis módulos já presentes no ambiente ou removendo-os de execução.

Atualizações em sistemas de kernel Linux

O GNU/Linux – Ubuntu também possui repositórios dedicados a atualizações do sistema operacional. Neles, é possível encontrar atualizações destinadas a funcionalidades e segurança do sistema. No mesmo menu da figura 16, é possível verificar atualizações de programas, aplicativos e soluções de estabilidade do sistema. Para os sistemas operacionais derivados do GNU/Linux – Debian, como o Ubuntu, os pacotes de instalação padrão são conhecidos pela extensão .deb.

Segundo Siqueira (2019), o kernel é o núcleo do sistema, responsável pelo controle de memória, pelo gerenciamento de acesso a discos e por diversas outras funcionalidades essenciais para o sistema operacional. Os sistemas GNU/Linux compartilham o mesmo kernel Linux, independentemente da distribuição utilizada, o que permite que este seja o mesmo em todos esses sistemas operacionais. Ao utilizar versões de kernel mais atuais, o profissional de TI contará com um sistema operacional mais estável e preparado para hardwares mais modernos, uma vez que módulos e funcionalidades já são incorporados nos novos kernels de sistemas. Outra grande melhoria são pontos relacionados à segurança, uma vez que versões de kernel mais atualizadas trazem correções no sistema operacional que auxiliam no uso de um ambiente mais seguro e menos propenso a vulnerabilidades críticas.

Para realizar a atualização de kernel no sistema GNU/Linux – Ubuntu, o profissional de TI pode fazer uso do complemento "programas e atualizações", que se encarregará de atualizar o sistema para versões de kernel disponíveis em repositório. Há também utilitários como o kernel Update Utility, uma ferramenta totalmente voltada para auxílio no upgrade de kernel. Por fim, ainda é possível baixar um novo kernel em https://kernel.org (figura 17) e realizar sua compilação manualmente, fazendo download de versões mais recentes e dando preferência sempre aos sistemas estáveis.

Figura 17 – Download de kernel atualizado.

Para certificar-se da versão de kernel utilizada no sistema, o profissional de TI pode verificar na seção *Sobre*, em *Configurações do sistema*, assim como pelo comando uname -*a* no terminal do sistema, retornando à versão do kernel atual que o ambiente trabalha.

Considerações finais

Sistemas operacionais têm um importante papel na operação de notebooks e computadores. Esses softwares permitem a interação do usuário final com o hardware, ou seja, possibilitando que ele realize as atividades do dia a dia no dispositivo. No mercado, há diversos sistemas operacionais, e cada um se encaixa melhor ao perfil de uso de cada usuário final, cabendo ao profissional de TI orientar o proprietário do notebook sobre as vantagens e desvantagens de cada um, bem como realizar sua manutenção e instalação.

Anotações

Referências

ACHI. BGA. **BGA Rework Station**. 2022. Disponível em: http://www.easybga.com/. Acesso em: 29 mar. 2023.

CORRÊA, Ana Grasielle Dionísio. **Organização e arquitetura de computadores**. São Paulo: Pearson, 2017.

CRIVADOR, Álvaro. **Eletricidade e eletrônica básica**. Curitiba: Contentus, 2020.

DOMAS, Christopher. Hardware backdoors in x86 CPUs. **Black Hat**, p. 1-14, 2018. Disponível em: https://i.blackhat.com/us-18/Thu-August-9/us-18-Domas-God-Mode-Unlocked-Hardware-Backdoors-In-x86-CPUs-wp.pdf. Acesso em: 29 mar. 2023.

FÁVERO, Eliane Maria de Bortoli. **Organização e arquitetura de computadores**. Pato Branco: E-Tec, 2011.

GRAMIGNA, Maria Rita. **Modelo de competências e gestão dos talentos**. 2. ed. São Paulo: Pearson Education, 2007.

GREEF, Pierre de. P-49: integrated displayport tcon device with vibrant picture quality features. **Sid Symposium Digest Of Technical Papers**, [S. l.], v. 40, n. 1, p. 1275, 2009.

HAUPT, Alex; DACHI, Édison. **Eletrônica digital**. São Paulo: Blucher, 2016.

JOLFAEI, Fatemeh Arbab *et al*. High speed USB 2.0 Interface for FPGA based embedded systems. *In*: INTERNATIONAL CONFERENCE ON EMBEDDED AND MULTIMEDIA COMPUTING, 4., 2009, [S. l.]. **Proceedings** [...]. [S. l.]: IEEE, 2009.

KO, Sohyang *et al*. A new linux swap system for flash memory storage devices. *In*: INTERNATIONAL CONFERENCE ON COMPUTATIONAL SCIENCES AND ITS APPLICATIONS, 8., 2008, Krakow. **Proceedings** [...]. Krakow: ICCS, 2008. p. 151-156.

KOH, Han-Jun *et al*. On-wafer process for mass production of hybrid integrated optical components using passive alignment on silicon motherboard. *In*: ELECTRONIC COMPONENTS AND TECHNOLOGY CONFERENCE, 49., 1999, Orlando. **Proceedings** [...]. Orlando: IEEE, 1999.

LEE, Eng Kwong *et al*. Hardware design and thermal management of video accelerator cards in IOT applications. *In*: IEEE INTERSOCIETY CONFERENCE ON THERMAL AND THERMOMECHANICAL PHENOMENA IN ELECTRONIC SYSTEMS (ITHERM), 19., 2020, [S. l.]. 2020. **Proceedings** [...]. [S. l.]: IEEE, 2020.

MAIA, André. **Manutenção de notebooks**. 2011. Disponível em https://dicadonotebook.wordpress.com/2011/10/19/tipos-de-travas-teclados-e-conectores/. Acesso em: 29 mar. 2023.

MAZIERO, Carlos Alberto. **Sistemas operacionais**: conceitos e mecanismos. Curitiba: UFPR, 2019.

MEYER, T. *et al*. Embedded wafer level ball grid array (eWLB). *In*: ELECTRONICS PACKAGING TECHNOLOGY CONFERENCE, 10., 2008, [S. l.]. **Proceedings** [...]. [S. l.]: IEEE, 2008. p. 994-998.

MICROSOFT. CHKDSK. **Referência de utilização CHKDSK**. 2022. Disponível em: https://docs.microsoft.com/pt-br/windows-server/administration/windows-commands/chkdsk. Acesso em: 29 mar. 2023.

MURAKAMI, Erik; LOPES, Guilherme Martins; BAUER, Luiz Fernando. **Aplicação de FMEA**: análise de modos de falhas e efeitos em uma linha de produção SMT de placa-mãe. 2015. 83 f. Trabalho de Conclusão de Curso (Graduação em Tecnologia em Automação Industrial) – Universidade Tecnológica Federal do Paraná, Curitiba, 2015. Disponível em: http://repositorio.utfpr.edu.br/jspui/bitstream/1/9388/1/CT_COALT_2016_1_2.pdf. Acesso em: 29 mar. 2023.

NIKKEL, Bruce J. Forensic analysis of GPT disks and GUID partition tables. **Digital Investigation**, [S. l.], v. 6, n. 1-2, p. 39-47, set. 2009.

NOTEBOOK. *In*: DICIO: Dicionário Online de Português. 2022. Disponível em: https://www.dicio.com.br/notebook/. Acesso em: 29 mar. 2023.

ROSSINI JR., Edivaldo Donizetti. **Manutenção em notebooks**. Bauru: Viena, 2014.

ROTEM, E. *et al*. **Temperature measurement in the Intel(R) CoreTM Duo Processor**. [S. l.]: Arxiv, 2007.

SALINAS, Felipe; KOWAL, Julia. Classifying aged Li-Ion cells from notebook batteries. **Sustainability**, [S. l.], v. 12, n. 9, p. 3620, 30 abr. 2020.

SANTOS, Pablo Adriel Alves dos. **O uso do osciliscópio**: uma revisão bibliográfica. 2020. 42 f. Trabalho de Conclusão de Curso (Graduação em Ciências e Tecnologia) – Universidade Federal do Semiárido, Mossoró, 2020. Disponível em: https://repositorio.ufersa.edu.br/handle/prefix/5959. Acesso em: 29 mar. 2023.

SIQUEIRA, Luciano Antonio. **Certificação LPI-1**: 101-102. 6. ed. Rio de Janeiro: Alta Books, 2019.

SMITH, T. A.; MARS, J. P.; TURNER, G. A. Using supercapacitors to improve battery performance. *In*: ANNUAL IEEE POWER ELECTRONICS SPECIALISTS CONFERENCE, 33., [S. l.], 2002. **Proceedings** [...]. [S. l.]: IEEE, 2002. p. 124-128.

STALLINGS, William. **Arquitetura e organização de computadores**. 8. ed. São Paulo: Pearson, 2010.

TOCCI, Ronald; WIDMER, Neal; MOSS, Gregory. **Sistemas digitais**: princípios e aplicações. 11. ed. São Paulo: Pearson, 2011.

TANENBAUM, Andrew S.; AUSTIN, Todd. **Organização estruturada de computadores**. São Paulo: Pearson Prentice Hall, 2013.

TANENBAUM, A. S.; HERDER, J. N.; BOS, H. Can we make operating systems reliable and secure? **Computer**, [S. l.], v. 39, n. 5, p. 44-51, maio 2006.

VAZQUEZ, Antonio. Linux file system and share and service permissions. *In*: VAZQUEZ, Antonio. **Practical Lpic-3 300**. New York: Apress, 2019. p. 293-315.

Sobre o autor

Raphael Hungaro Moretti é mestre em engenharia da computação pelo Instituto de Pesquisas Tecnológicas da Universidade de São Paulo (IPT-USP), pós-graduado em segurança em TI pelo Instituto Presbiteriano Mackenzie e em ethical hacking e cyber security pela UNICIV, formado em redes de computadores pela Faculdade BandTec e graduando em engenharia da computação pelo Centro Universitário Internacional (Uninter). Membro ativo do grupo de estudos de segurança computacional, computação forense, IPv6 e sistemas de rede sem fio. Autor das obras *Ethical hacking*, *Proteção de perímetro*, *Segurança em comunicações móveis* e *Soluções de segurança da informação*, todos da Editora Senac São Paulo. Profissional atuante na área de tecnologia da informação e responsável pelos projetos de rede sem fio de alta densidade e disponibilidade, assim como pela distribuição, implantação, manutenção e gestão de infraestrutura de rede de missão crítica da Companhia Ambiental do Estado de São Paulo (Cetesb). Professor nos cursos de pós-graduação e MBA de cyber security da Faculdade Impacta e professor/tutor dos cursos de ciências de dados e análise e desenvolvimento de sistemas da Universidade de Sorocaba (Uniso). É apaixonado por tecnologia e "professor pardal" de plantão.

Índice geral

A função da bateria e seu diagnóstico 51

Apresentação dos dispositivos internos (Capítulo 2) 21

Atualizações e troubleshooting em sistemas Windows 82

Boas práticas e formas de montagem e desmontagem 68

Características do ambiente 59

Componentes de uma placa-mãe e suas funções 23

Componentes externos de notebooks (Capítulo 4) 47

Efetuando a instalação de sistema operacional GNU/Linux – Ubuntu 85

Efetuando a instalação do sistema operacional Windows 11 77

Expansões, funcionalidades de portas e conectores externos 49

Ferramenta e espaço necessário para manipulação de equipamento 59

Fundamentos de eletrônica digital (Capítulo 3) 35

Hardware e software em notebooks 13

Identificação técnica dos componentes 29

Iniciando a montagem e a desmontagem de notebooks (Capítulo 6) 65

Instalação de sistemas operacionais (Capítulo 7) 75

Instalação e configuração de drivers 80

Introdução à manutenção de notebooks (Capítulo 1) 11

O ambiente de trabalho de um profissional de manutenção (Capítulo 5) 57

O termo "notebook" 13

Principais características na escolha de um notebook 15

Principais componentes e suas respectivas funções em circuitos eletrônicos de notebooks 42

Principais ferramentas e como utilizá-las na medição de características de componentes 43

Referências 93

Sistema binário e hexadecimal 37

Troubleshooting básico em sistemas de kernel Linux 87